日本古代史集中講義

天皇・アマテラス・エミシを語る

林 順治

JN155281

えにし書房

日本古代史集中講義〈目次〉

第Ⅲ章　アマテラスの正体——伊勢神宮はいつつくられたか——87

第Ⅳ章　エミシはなぜ天皇に差別されたか——123

〈附章〉　万世一系天皇の歴史と津田左右吉――169

第Ⅰ章　隅田八幡鏡と継体天皇

名古屋ＹＷＣＡ林順治講演会
二〇一三年一一月二四日、ＡＭ一〇：〇〇～一三：〇〇
主催・三河塾〈日本のなかの朝鮮文化――東海フォーラム〉

Check Point

〈講義のポイント〉

□ 石渡信一郎氏が解読した隅田八幡鏡の銘文（金石文）

□ 隅田八幡鏡の（銘文）を解明すれば古代史の多くの謎が解ける

□ 銘文の日《ソ》十《カ》大王は誰のことか

□ 応神と継体の正体

□ 記紀が隠したかったこと

□ 隅田八幡鏡の意味と価値

1　皇紀二六〇〇年と〈私〉

会場の皆様、お早うございます。ただいま三河塾の権寧準《ごんねいじゅん》先生から御紹介に与りました林順治と申します。このたびは私のような者の話のためにお集まりいただきましてまことにありがとうございます。

私は昭和一五年（一九四〇年、干支は庚辰）の生まれですから、今年の七月の誕生日で七三歳になります。一九四〇年は神武天皇の即位から二六〇〇年目にあたるとされ、一一月一〇日から一四日まで連日、軍人・政府高官ほか五万数千人が集まる『紀元二千六百年式典』が皇居前広場で盛大に行われたそうです。

〈注〉　この式典の模様はインターネット第二三号日本ニュース・NHK戦争証言アーカイブで見ることができます。この式典のためにつくられた奉祝国民歌「紀元二千六百年」の歌詞〝今こそ祝え この朝《あした》紀元は二千六百年　ああ、一億の胸はなる〟よりも替歌のほうがはるかに当時の国民に浸透したそうです。ちなみに替歌の歌詞は次の通りです。

「金鵄《きんし》」上がって一五銭
栄えある「光」三〇銭
今こそ来たぜこの値上げ
紀元は二千六百年
ああ！　一億の民は泣く

この年はヒトラー政権下のベルリン大会（一九三六年）に続く第一二回オリンピック東京大会開催の予定でしたが、日中戦争（支那事変、一九三七年勃発）の長期化により中止となりました。また紀元二千六百年記念行事の準備のため橿原神宮や畝傍《うねび》山東北陵の拡張整備をかねて発掘調査をしたところ、遺跡らしいものは何も見つからず、人骨数体が出土したとのことです。

昭和一五年の生まれで誰でも知っている有名人は野球の王貞治さんや張本勲さんです。また今年一月に亡くなった大相撲の大鵬幸喜さんです。この人たちは前人未到の大変な成績をあげた人ですが、私は本を出版したのは二〇〇一年ですからまだ一二年もたっていません。物書きとしてはほとんど無名です。

先ほど「私のような者」と言ったのは自分を卑下しているのではなく、日本古代史上最も重要な金石文隅田八幡鏡にまつわる講演会を開いて下さった皆様にとても感謝しているからです。

2　日本国家の起源＝万世一系天皇の物語

さて、このたび与えられましたテーマ「隅田八幡鏡と継体天皇」は日本古代史の最大の秘密（虚構）を解く素晴らしいテーマですが、とても難しいテーマでもあります。日本国家の起源＝万世一系天皇の歴史に踏みこむことになるからです。

日本の歴史を学ぼうとしたら天皇の歴史を学ぶことになります。このことは現代日本の象徴天皇制にかかわる現実的な問題に直面します。「日本の歴史とは？」という問いは、「天皇の起源とは？」という問いに直結します。つまり今日おかれている私たちの生きている現在の世界にも通じるややこしく、古くて新しい話にもなります。そのことを念頭においていただきたいと思います。

さて、隅田八幡鏡銘文は錚々《そうそう》たる文献・歴史学者による約一〇〇年の論争を経て未解決とされています。また『日本書紀』に書かれている継体天皇の出自と即位も矛盾だらけで、それぞれの研究者の解釈もまた「てんでんばらばら」でどの本を読んでも出口のわからない迷路に迷いこんでしまいます。

一〇〇年もの長い時間がかかっているにもかかわらず、なぜ中途半端に放置されているのかおおよその見当はつきます。おそらくそれは私たち日本国民が明治維新以降は天皇制国家、戦後七〇年は象徴天皇制のもとで生活してきたからでしょう。したがって私がこれからお話しすることは、天皇制はもちろん象徴天皇制の根幹さえ揺るがしかねないことにもなります。

少し具体的にお話しすることにします。現在日本には群集墳などを含めると約一五万基前後の古墳があると言われています。その中で最大の古墳は堺市の百舌鳥《もず》古墳群の仁徳陵（伝仁徳陵、大山《だいせん》古墳、大仙古墳）と堺市に接する大阪羽曳野《はびきの》市の古市《ふるいち》古墳群の応神陵（伝応神陵、誉田《ほむた》陵）です。

その大きさは仁徳陵が四八六メートル、応神陵が四二五メートルあります。その二つの古墳の一つ仁徳陵には百済蓋鹵王《こうろおう》（在位四五五―七五）の弟余紀、もう一つの古墳応神陵には余紀の兄昆支（余昆）が埋葬されているというビックリするような話です。

しかしもっとビックリするのは、いま目の前にある、いつでもその気になれば見ることのできる日本最大の古墳の被葬者がだれかまだわかっていないことです。私がここで申し上げたいことは、まず驚き、次に不思議に思わなければ真実の発見はないということです。

3　冊子『国宝人物画像鏡の出土地「妻之古墳」の研究』

さて、隅田八幡鏡銘文論争で正解に近い論文を書いた数少ない研究者の一人で明治三八年（一九〇五）に生まれ、昭和五一年（一九七六）に亡くなった薮田《やぶた》嘉一郎という人がいます。この人は在野の研究者というより、京都大学史学科を中退して編集者となり、京都で美術史関係の編集にたずさわり、私の記憶に間違いがなければこの名古屋の地で総芸舎という出版社を創立しています。

薮田嘉一郎は金石文に関する学術的な本を自社から出版しています。いわば大和書房の創業者で現在も執筆活動をしている大和岩雄《おおわいわお》さんのような古代史のエキスパートです。松本清張も藪田嘉一郎の書いたものを信頼し、二人の付き合いは藪田嘉一郎が亡くなるまで続いたそうです。

私が藪田嘉一郎に注目したのは次に述べるようなことからです。藪田嘉一郎は総芸舎から『紀伊の古墳（1）』という本を出しました。この本は『国宝人物画像鏡の出土地「妻之古墳」の研究』（約二〇頁の手書きの冊子、昭和二九年発行）を書いた生地《おいじ》亀三郎と金谷《かなや》克己《かつみ》（当時国学院大学助手か？）という人の共著です（拙著『隅田八幡鏡』に詳述）。

生地亀三郎の〝手書きの冊子〟は簡単に言いますと、かつては隅田八幡神社（和歌山県橋本市）に保存されていて、いまは国宝として上野の東京国立博物館にある隅田八幡鏡が、実は天保五年（一八三四、将軍徳川家斉の時代）に紀ノ川沿いの妻の小山とも呼ばれる瓦粘土採掘現場から出土したもので、後日、隅田八幡神社に献納されたという話を当時教育委員の生地亀三郎が地元の人々から聞き取りをしてまとめたものです。

実は生地亀三郎と金谷克己共著の『紀伊の古墳（1）』は、現在、愛知大学の豊橋校図書館と東京国立博物館付属資料書館にしかないのです。なぜ、二冊しかないのか謎です。編集者の経験からすれば、何かのトラブルで絶版になったのではないかと考えられます。版元の総芸舎代表の藪田嘉一郎がその事情を一番よく知っているはずです。

隅田八幡神社境内の鏡のレプリカ

しかし今は確かめようがありません。数年前、愛知大学図書館を訪ねてその書誌的背景を調べる約束を司書の方としましたが、私の方の都合でとりやめになりそのままになっています。

実は、先日、その本があるのは愛知大学なのか愛知教育大学だったのか思いだせなかったので、念のため愛知大学の名古屋校の図書館に電話を入れてみましたところ、確かに豊橋校の図書館にあることが確認できました。しかし現在『紀伊の古墳（1）』は、愛知大学と東京国立博物館のほかに一二件所蔵している図書館が見つかったとのことでした。

このように何年か経ちますと、物忘れや記憶違いがありますので、今回の講演のこともあり、隅田八幡鏡の解説も少しは改善されたのかと思い、数年ぶりに東京国立博物館の考古展示室に行ってみました。しかし変わっていたのは展示場所と元の説明に数行付け足されたぐらいでした。参考のために書き写してきました。メガネをはずしたりとったりしながらガラス越しにメモしていると、若い女性の監視員が「ガラスに触れないで下さい」と飛んできました。文句の一つでも言ってやろうかと思いましたが、昨今、年寄りのクレーマーやストーカーが増えたという新聞・週刊誌の記事が多いので黙ってやりすごしました。

さて、国立博物館考古展示室の隅田八幡鏡の説明とは次の通りです。

江戸時代天保年間の『紀伊国名所図会』で知られていたが、銘文の解説は大正三（一九一四）年の当館講演会で公表された釈文が初めてです。中国製の神人歌舞画像鏡をモデルにした倭鏡で内外文様が逆転し、紀年や固有名詞と銘文にも逆字が認められます。中国製の画像鏡をまねた国産鏡です。各区に「大王年」などの文字を含む四八文字の銘文があります。「乎弟王」や「意柴沙加宮」といった大王や宮の名と思われる文字により、古くから『記紀』との関連について議論があり、製作年代もさまざまな説があります。

「大正三（一九一四）年の当館講演会」というのは、考古学者の高橋健自が「在銘最古日本鏡」と題してこの年の九月に講演したことを言います。しかしこのような説明では何もわかりません。約一〇〇年間の論争の中身も意味もこの鏡がなぜ国宝として価値があるのかも説明されていません。

また昨年、私は隅田八幡鏡が模倣したという各地の古墳から出土した鏡（神人歌舞画像鏡）一二枚のうち三枚が所蔵されている青山の根津美術館に行きましたが、何故か展示はされていませんでした。『八幡神の正体』や『古代七つの金石文』にも書きました「船氏王後墓誌」（国宝）も所蔵されているはずの東京日本橋の三井記念美術館でも見ることはできませんでした。

4　私の出版経歴と三一書房創業者竹村一と日本消費者連盟

そもそも私は古代史研究とはあまり関係のない在野の人間です。今年亡くなりました考古学者森浩一などは毎日仁徳陵を見ながら学校に通ったそうですし、多くの考古学者はもちろん、歴史学者は大阪や奈良の出身者が多いのです。

むしろ私は文学や哲学に興味がありました。それも本格的に読書を始めたのは大学受験のため東京に出て浪人生活をしていた頃です。その私がなぜ古代史に飽くなき興味をもつようになったのかお話ししたほうが、隅田八幡鏡の意味と価値が皆さまに理解していただけるように思えますので、私の固有の体験から得た事柄を皆さんにお伝えしたいと思います。

私の著作物をご覧になった方は本の奥付の著者略歴からすでにご承知でしょうが、私は早稲田大学露文科を中退したのち一時毛沢東語録で知られた、今はなき宮川書房という出版社で二年ほど本の電話セールスや大型本の企画編集などをしてから、約一〇〇〇万部のベストセラー五味川純平の『人間の条件』で有名になった三一書房に、一九七二年の秋に中途入社しました。

戦後間もなく京都で生まれた三一書房は、天皇制と在日朝鮮人問題と部落問題を三本柱とした出版社です。私は四年の営業を経て創業者の一人竹村一さんの引きで編集部に移りました。営業部のときは私の担当地域は東海地方で、静岡・名古屋・伊勢方面の書店は一年に二度ほど常備契約もかねて定期的に回りました。名古屋は大小の書店が名古屋駅前に集中していて、活気に満ちて書店回りは楽しいものでした。

編集部に移ってから竹村さんから私に渡された最初の原稿は朴慶殖《ぱくきょんしく》さんの『在日朝鮮人運動史』でした。当時、朴さんは調布に住んでいました。すっかり仲良しになり、朴さんの家に泊まったり、朴さんに連れられて池袋や新宿のお店によく飲みにいったりしました。

一九八一年には『在日朝鮮人 私の青春』の出版パーティーを開き、たくさんの在日の知人・友人が集まりました。その後、朴さんの編集担当は変わりましたが、朴さんは『在日朝鮮人関係資料集成』全五巻（一九一五～一九四五）を三一書房から出版しました。

私はまた、その頃双葉社から出版されてベストセラーになった千田夏光の『従軍慰安婦』を私の独自の企画で三一新書（上・下）の二分冊にして出したところ大きな反響を呼び三万部以上の増刷になりました。竹村さんに大いに喜んでもらったことを今でも忘れません。

5　『あぶない化粧品』の著者にして友人の船瀬俊介さん

そんな中、竹村さんから元農林省参事官であった竹内直一さんが立ち上げた「日本消費者連盟」（略称「日消連」）を訪ねるように言われ、そこで日消連の竹内さんから運動パンフを執筆している船瀬俊介さんを紹介されました。三一書房の竹村さんと日消連代表の竹内さんは京都一中の先輩・後輩のいわば〝ツーカー〟の関係でした。

いっぽう三井鉱業所が近い炭鉱の町、田川市出身の船瀬さんは九州大学の理学部に入学しましたが、学生運動に嫌気がさして早稲田大学文学部の社会学科に入りなおして、卒業後そのまま日消連のスタッフに加わりました。現在、船瀬さんはフリーの物書きとして医療・環境・その他の執筆・講演で大活躍をしています。

彼は今もそうですが、当時もまるで糸の切れた凧のようで捕まえるのが大変でした。私は朝の七時頃には電話を入れてまだ眠っている彼をよく起こしました（というのは私は無類の早起きで執拗なタイプ）。船瀬さんは哲学・文学・政治とくに映画・娯楽に通じ、弁舌に優れかつ聞き上手でした。彼はのちに私の石渡（私の古代史の師）説の聞き役になり、「私は石渡信一郎の孫弟子だ」と広言するほどになりました。

その船瀬さんが日消連で執筆した『あぶない化粧品』を私が三一新書にしたのが一九七九年六月です。この化粧品シリーズだけで約一〇〇万冊の売上げに達しました。船瀬さんの日消連への貢献はなみなみならぬものでしたし、私の編集者としての社内の立場もすこぶる安定したものになりました。

そもそも創業者の竹村一さんは古代史にとても興味をもっていて、私が入社する三年前に原田大六さんの『邪馬台国論争』を出版し、次は『日本国家の起源』を原田大六さんに書かせるために博多に二度出張し、「大六は難《むずか》しいやっちゃな」と言ってよく編集会議で自慢していました。

竹村さんは、私が編集部に移籍した年、「京都大学人文科学研究所（略称・京大人文研）のグループを紹介してやる」からと言って、私を二泊三日で京都に連れて行ってくれました。初日の夜は竹村さんの友人で渡辺徹先生と人文研のグループ一五人ほどが集まり会食をしました。

いま記憶に残っている方は日本史の飛鳥井雅道、世界史の富岡次郎の両先生です。そのときの竹村さんの主要な仕事は『邪馬台国はなかった』（一九七二年）の著者古田武彦さんに執筆依頼をすることでした。古田さんは当時京都市郊外に住んでいたからです。

『邪馬台国はなかった』は一九七一年に朝日新聞社から出版され、翌七二年には梅原猛氏の『隠された十字架』が新潮社から出版され、この両書とも破格のベストセラーになりました。そして高松塚古墳の壁画が発見されたのも七二年ですが、あさま山荘事件が起きた年でもありました。

6　原田大六の『邪馬台国論争』と菅江真澄の郷土史

私が竹村さんに同行して京都に行ったのは一九七六年ですから、私の古代史の師となる石渡信一郎氏に出会うまで約一二年の空白期間があることになります。私が担当した石渡氏の『応神陵の被葬者はだれか』の出版が一九九二年の二月で、石渡信一郎氏に出会ったのはその二年前の一九八八年の三月の末頃です（石渡氏との出会いの場面は私の最初の著作『馬子の墓』の冒頭に詳述）。

三一書房に入社した当時の私の日本の歴史についての知識といえば、原田大六さんの『邪馬台国論争』と「後三年の役」と菅江真澄の郷土史ぐらいでした。しばらくして菅江真澄の著作を通して、私が育った深井という集落から二キロ雄物川上流左岸にある足田《たらだ》という横手盆地の最南端に位置する場所が、鎮守将軍大野東人が天平九年（七三七）多賀城から秋田城に至る道をつくるために攻略しようとした雄勝村であることを知りました。

その後、雄勝柵はエミシの攻撃によって何回か奪還され、ついに七六〇年藤原朝獦《ふじわらのあさかり》（藤原仲麻呂の四男）によって雄勝城が完成されたことを『続日本紀』から知ることができました。その朝獦が建立した多賀城碑こと壺碑《つぼのひ》については私の直近の著作『古代七つの金石文』でかなり詳しく書いています。

私は東京で生まれましたが、四歳のとき父母の郷里秋田県横手市平鹿郡雄物川町深井（旧、平鹿郡福地村深井）に移住してそこで育ちました。私は一一人兄弟の末っ子ですが、東京で生まれたのは私だけです。父母兄弟はみんな横手盆地の出羽丘陵沿いを北流する、冬は雪の多い雄物川の辺《ほとり》、国道一〇七号線（大船渡・本荘）沿いの集落深井という村で生まれています。

この深井に一家移住したのは昭和一九年で、東京空襲を避けるためと上の兄たち四人がそれぞれ、満州、ニューギニア、フィリピンに徴兵されたからです（『天皇象徴の日本と〈私〉』に詳述）。

菅江真澄は宝暦四年（一七五四、徳川家重の時代）に三河国渥美郡牟呂村（現在の豊橋市牟呂公文町）に生まれたと言われていますが、亡くなった所は秋田県の角館とされていて、現在では秋田県仙北市田沢湖梅沢とされています。菅江真澄の墓は古四王《こしおう》神社（秋田市寺内児桜、旧秋田城内）の近くにあります。

古四王神社の社伝によると、崇神天皇の四道将軍大彦命が北陸道に派遣された際、北方の鎮護のために武甕槌神《たけみかづち》を齶田浦神《あぎたのうらのかみ》として祀り、次いで斉明天皇の時代、阿倍比羅夫が秋田地方に来た折、自らの祖である大彦命を合祀し、越王神社（古四王神社）として創建したとされています。

菅江真澄は久保田藩主佐竹義和に出羽六郷の地誌の編纂を頼まれ、亡くなるまでその仕事を続けたのです。著書には『月の出羽路』『雪の出羽路』などがあり、菅江真澄については内田武志著の『菅江真澄の旅と日記』など何冊か優れた本があります。

「後三年の役」についてはそもそもＪＲ奥羽本線横手→飯詰→後三年駅の近くに金沢の柵があり、私の育った深井という集落は源義家の数万の軍勢に攻められたという清原家衡の沼の柵（現秋田県横手市雄物川町沼館）の近くにあるのです。

菅江真澄の書いたものには、「後三年の役」（一〇八三年）の前に起きた源頼義と安倍貞任の戦「前九年の役」（一〇六二年）について書かれた『陸奥話記』から引用した記事が多く入っています。このように菅江真澄の著作と『陸奥話記』から私は前九年と後三年の役の全容を知るようになったのです。

7　石渡信一郎の『応神陵の被葬者はだれか』

さて、私が石渡信一郎氏に出会ったのは一九八八年の三月の末頃だったと話しましたが、石渡説は何故凄いのか、どうしてそのことが理解できるようになったのかお話ししたいと思います。「大韓航空機事件の真相を究明する会」のオーガナイザーの一人でかつ私が担当する著者仲間のM氏から日航の整備技術者のS氏を紹介されました。

S氏は都立千歳高校（歴史作家井沢元彦氏の出身校）における石渡信一郎氏の教え子でした。そのS氏から「私の知り合いの元教師が今はアイヌの研究のため札幌に住んでいる。何か難しい古代史の本を書いたが原稿を見てくれないか」と頼まれました（『大韓航空機事件の研究』は一九八七年三一書房から出版されています）。

そこで三一書房に近い山の上ホテルのロビーで紹介者のM氏とS氏と石渡さんと私の四人で会合をもちました。その時預かった原稿と同じ内容のものを九月半ば頃石渡さんは『日本古代王朝の成立と百済』と題して私家版で出版しました。

私が山の上ホテルで「難しいのでもっとわかりやすく書いて欲しい」と頼んで完成したのが一九九〇年二月発行の『応神陵の被葬者はだれか』です。企画の段階では『蘇我王朝の興亡』というタイトルでした。

そしてその一一年後の二〇〇〇年六月に『応神陵の被葬者はだれか』の増補改訂版として書名を変えて出版したのが『百済から渡来した応神天皇』です。この三つの本の書名から、石渡説が何を語ろうとしているのか、この会場にお集まりの方はもちろん、古代史に興味のある方なら一目瞭然のはずです。

しかし一目瞭然と言っても、その本の中身の意味と価値がわからないのでは理解したとは言えません。私にとって石渡氏から預かった最初の原稿（『日本古代王朝の成立と百済』）は、言ってみれば私の無知のため体《てい》よくことわった原稿で、イージーな気持ちで自宅の書棚に差し込んでいたのです。

普通でしたら『応神陵の被葬者はだれか』は出版されることはなかったでしょう。石渡さんは意味も価値もわからない編集者のために『応神陵の被葬者はだれか』を書く気が起こらなかったはずです。

実は、私は妻がクリスチャンだったこともあり、また編集者としての知識と教養のためにも、当時発売されたプロテスタントとカソリック教会による活字の大きい新共同訳の『聖書』を最初から最後まで二度ほど繰り返して読んでいました。

私は会社のだれよりも早く出社して、午前中に著者との電話連絡や原稿の割り付け作業を済ませたのち、午後四時頃に帰宅すると真新しい聖書をもって夕日のさすヴェランダ近くの窓際で枕を背にして横になるのが常でした。「創世記」から始まる「モーセ五書」はモーセが神と契約した「十戒」とその違約によって民が罰せられる国家形成の苦難の物語です。

当時、私の最大の関心事は「故郷喪失」と「神の概念」でした。いかなる偶像をも否定するユダヤの唯一神は山川草木《さんせんそうもく》を崇拝する日本古来の神仏混淆とは対照的です。いったい日本の神とは何か。何が私をして山や川や草や木々を懐かしくさせるのか。私は聖書を読みながら日本の神と故郷喪失の問題を考えていました。

8　私家版『日本古代王朝の成立と百済』の挨拶状

石渡氏と山の上ホテルで会ってから五ヵ月ほど経った八月の終わり頃です。私はふと机の横の書棚に差し込んでいたA四判の白い束になった感熱紙（ワープロの印刷用紙）に気がつきました。石渡氏から預かった件《くだん》の原稿です。私はその時、故郷の村々にある八幡神社とその神について何か書いてあるかもしれないと思い、はやる気持ちで原稿用紙をめくっていきました。

すると原稿の第九章の終わりあたりに「昆支の神格化・八幡神」という文字列を見て、私の心臓の鼓動は頂点に達していました。いったい昆支とはいったい誰のことなのか。そして今度は逆にページを遡ってめくっていくと「第六章　百済王族余昆（昆支）＝応神天皇」とあります。

事の重大性に気がついてから三日後に、なんと私のもとに白いカバーの表は藤の木古墳出土の鞍金具、裏に隅田八幡鏡が印刷されたA五判並製横組みの本（『日本古代王朝の成立と百済』一九九八年八月一五日発行）が送られてきたのです。そして本と一緒に日本古代史解明の要旨が書かれた挨拶状が同封されていました。この挨拶状は次の通りです。

私はこの度『日本古代王朝の成立と百済』を私家版でだすことになりました。本書の特徴は、①古墳時代に朝鮮半島からの多数の渡来者があったとする人類学者の新しい学説と、②応神陵の年代を五世紀末から六世紀の初めとする地理学者日下雅義氏の学説に基づいて日本古代史の謎の解明を試みたことです。

こうした試みはいまだなされたことはありません。人類学の研究成果によれば、日本古代国家を建設したのは概念の不明確な騎馬民族でなく、朝鮮から渡来した古墳人だと考えるのが自然です。また、応神陵は五世紀～六世紀初めの倭国王の墓とみることができます。

私は学者が不当に無視している、これらの重要な成果や学説に依拠し、科学的・合理的な考察を重視して、古代史の謎に挑んできましたが、崇神王朝（三輪王朝）が加羅系統、応神王朝（ヤマト王朝）が百済系統であることを解明することができました。

また、継体天皇は応神の弟で、八幡鏡（隅田八幡鏡）の男弟王であり、この王が仁徳陵の被葬者であることを突きとめることができました。つまり記紀にみえる応神と継体の間の一〇人の天皇、すなわち仁徳から武烈までの一〇人の天皇はみな架空の天皇であることがわかりました。本書は記紀が隠した、このような古代天皇家の秘密を明らかにしたものです。

私は『日本古代王朝の成立と百済』をもって、急遽、札幌在住の石渡氏を訪ねました。上野発朝七時の新幹線で盛岡まで行き、盛岡で函館行きの特急に乗り換え、函館でもう一度乗り換えて夕方の六時半に札幌駅に到着しました。その間、『日本古代王朝の成立と百済』を読み続けました。翌朝、石渡氏に私の泊まったホテルの部屋に来てもらいました。石渡さんはいまの私ぐらい耳の聞こえが悪かったので、静かな部屋で話をしたかったからです。

札幌には二日泊まりましたが、私が東京に戻るときに札幌駅まで見送りにきた石渡さんは、私を励ますつもりであったのか「今度の本(『応神陵の被葬者はだれか』)はきっと驚天動地の波紋を起こしますよ」と私に耳打ちするかのようにささやいたことを忘れることができません。

遠くゆったりと流れてゆく札幌郊外の風景とリズミカルな列車の振動が私の興奮を鎮

めてくれました。「いったいあの日本最大の巨大古墳応神陵に百済の王子が埋葬されることなどありうることだろうか」「いったい何が起こるだろうか」と何度もつぶやきながら、有珠山《うすざん》から立ち上る噴煙が見える頃ようやく眠りにつきました。

私は二度生まれ変わりました。かつて二二歳のときに受けたインスピレーション〝故郷喪失の発見〟に加えて、今回（四八歳のとき）の『日本古代王朝の成立と百済』から受けた〝八幡神＝昆支の発見〟によって日本と世界の歴史の中に位置する自分に確信をもてるようになったのです。

『応神陵の被葬者はだれか』の出版直後、新聞・テレビ・週刊誌その他の古代史関係の研究者を含めて約五〇〇冊の献本をしました。しかし古代史一般の通説の解説本ならいざ知らず、一〇〇年近い論争を経て解読されなかった隅田八幡鏡の銘文解読に十分成功した可能性のある石渡説にたった一行も、たった一言の反応もなかったのは不思議でなりません。

9　隅田八幡鏡銘文はいかに解読されたか

すでに皆様もご承知でしょうが、念のために石渡氏が一九九〇年（ベルリンの壁崩壊の翌年）に出版した『応神陵の被葬者はだれか』に載せた隅田八幡鏡の銘文解読をここで紹介いたします。銘文は四八文字ですが、ここでは石渡氏の解読文を読みあげます。

◎癸未年八月日十大王年男弟王在意柴沙加宮時斯麻念長奉遣開中費直穢人今州利二人尊所白上同二百旱所此竟〔隅田八幡鏡銘文〕

◎癸未年（五〇三）八月、日十《ソカ》大王（昆支《こんき》）の年（世）、男弟王《おほどおう》（継体）が意柴《おし》沙加宮《さかのみや》（忍坂宮）に在《いま》す時、斯麻《しま》（武寧王）は男弟王に長く奉仕したいと思い、開中《ベチュウ》（辟中）の費直《こおりちか》（郡将）と穢人今州利《わいじんこんつり》の二人の高官を遣わし、白い上質の銅二百旱を使って、この鏡を作らせた。〔石渡信一郎解読文〕

この銘文の最大の難問は冒頭の「日十大王」です。一〇〇年も経て誰も解けなかった「日十大王」を石渡信一郎氏はほぼ一〇〇%解いたのですから、奇跡的としか言いようがありません。「記紀」には「日十大王」という天皇はいっさい登場しませんから、ほとんどの研究者は「十日」の誤りと読んだり、「ジジュウ」と呼んだりして「記紀」に書かれている天皇の名を上げました。

この「日十大王」は日本古代史のキーパーソンであり、この隅田八幡鏡銘文も「日十大王」がだれか、その正体を明らかにすることができなければ解読することは不可能だったのです。したがって隅田八幡鏡銘文は「記紀」に慣れ親しんだ研究者・学者にとって歯の立たない難しい金石文であったのです。

ちなみに隅田八幡鏡銘文に出てくる「癸未年《きび》」とか稲荷山鉄剣銘文の「辛亥年ワカタケル大王の時……」の「辛亥年《しんがい》」は干支《かんし》と言います。皆さんが普段もっている手帳の巻末にも載っています。「干支」とは十干「甲・乙・丙・丁・戊……」と十二支「子・丑・寅・卯・辰……」を組み合わせたものです。一〇と一二の最小公倍数は六〇になるので、干支は六〇年で一周することになります。干支一巡とも干支一運とも言います。

還暦とは干支が一巡することを意味しています。そして一〇個の干を木・火・土・金・水の「五行」の「兄《え》」「弟《と》」に二個ずつ配置します。戦後育ちの私たちにとっては、とてもややこしく、実際むずかしいのですが、ネットなどを検索できる人は簡単にわかりますし、「干支紀年表」などは拙著『日本人の正体』『古代七つの金石文』などに載せていますので、具体的に当たれば比較的簡単に理解できるようになります。

古代史の事実を理解するにはこの「干支紀年表」に慣れることです。というのは『日本書紀』が頻繁《ひんぱん》に使う手ですが、架空の神功皇后を実在の卑弥呼に見せかけるために実際には三七二年に百済王から倭国王に送られた七支刀を干支二運（六〇年×二運＝一二〇年）

干支表

十干	十二支					
甲	1 甲子	11 甲戌	21 甲申	31 甲午	41 甲辰	51 甲寅
乙	2 乙丑	12 乙亥	22 乙酉	32 乙未	42 乙巳	52 乙卯
丙	3 丙寅	13 丙子	23 丙戌	33 丙申	43 丙午	53 丙辰
丁	4 丁卯	14 丁丑	24 丁亥	34 丁酉	44 丁未	54 丁巳
戊	5 戊辰	15 戊寅	25 戊子	35 戊戌	45 戊申	55 戊午
己	6 己巳	16 己卯	26 己丑	36 己亥	46 己酉	56 己未
庚	7 庚午	17 庚辰	27 庚寅	37 庚子	47 庚戌	57 庚申
辛	8 辛未	18 辛巳	28 辛卯	38 辛丑	48 辛亥	58 辛酉
壬	9 壬申	19 壬午	29 壬辰	39 壬寅	49 壬子	59 壬戌
癸	10 癸酉	20 癸未	30 癸巳	40 癸卯	50 癸丑	60 癸亥

遡らせて神功五二年（二五二）に贈られたと書かれているからです。

　ところで私は一九九〇年の『応神陵の被葬者はだれか』を手始めに二〇〇一年の『蘇我大王家と飛鳥』まで石渡氏の本を約一年に一冊、合計一二冊出し続けました。その間、畿内・関東の古墳や群集墳はもとより、九州は菊池川中流左岸の熊本県江田船山古墳から北九州沿岸の古墳を一周して国東《くにさき》半島の赤塚古墳、そして国東半島の沖合の姫島、出雲・岡山・瀬戸内海沿岸の古墳、北は岩手県胆沢《いさわ》町（現奥州市）の角塚古墳や和賀川流域の江釣子《えづりこ》古墳群を訪れました。

講演中の筆者

　古墳ばかりではありません。紀ノ川右岸の隅田八幡神社はもちろん宇佐八幡、石清水八幡、河内源氏三代頼信・頼義・義家の墓がある羽曳野の通法寺（今は廃寺）の境内の壺井八幡宮にも行きました。河内源氏三代は応神・継体が引き連れてきた百済住民の末裔であり、彼らこそ河内湖を埋め立て大阪平野の原型を造った開拓民の子孫です。

　こうして私は石渡信一郎氏のマスターキーを借り受けて、日本古代史の驚くべき史実をやすやすと理解できるようになりました。以来、このマスターキーを多くの皆さんにお伝えしたく、自分でも本を書くようになったのです。

10 「記紀」にも登場しない「日十大王」とはだれか

次に継体天皇の出自と即位の問題について述べたいと思います。継体天皇の出自と即位と晩年の死が学者・研究者の見解がてんでんばらばらであることは冒頭に申し上げました。これらの矛盾をいちいち明らかにすることは容易なことではありません。もともと根拠のないものをあるかのように探しても見つからないはずです。石渡説を知るようになってからそのことがよくわかりました。

しかしこれら先学の研究や知識が役に立たなくなったというのではありません。取捨選択して取り入れ、よりいっそう有効に用いることができるようになったのです。そこで石渡信一郎氏によって隅田八幡鏡銘文がほぼ完全に解読されたものとして、氏が隅田八幡鏡銘文をどのような史実として解読したのか述べようと思います。

石渡氏は隅田八幡鏡の「癸未《きび》年日十大王時」の「癸未年」を五〇三年とし、「日十大王」を『宋書』倭国伝に記録されている倭の五王「讃・珍・済《せい》・興・武」の倭王武であるとしました（四六一年に倭王済に婿入りした百済蓋鹵王の弟昆支〈余昆〉のことです）。

当時、倭王済（「記紀」の尾張連草加《おわりのむらじくさか》）は大和川と石川の合流地点（誉田《ほむた》陵＝応神陵を中心とする古市古墳群の東端）を本拠としていました。その後、倭王武＝昆支は倭王興（倭王済の子、武の義兄）の後を継ぎ倭国王となります。そして宋の昇明二年（四七八）五月、宋の皇帝順帝に高句麗戦に備えて援助を要請する「上表文」を送ります。

四七九年倭王武（昆支）は斉《せい》（四七九―五〇二）の武帝（在位四八二―四九三）から鎮東大将軍に進められ、四九一年に東加羅《ソカラ》大王＝「日十《ソカ》大王」として百済系ヤマト王朝を立てます。この「東加羅」は崇神を始祖王とする垂仁＋倭の五王「讃・珍・済・興・武」の崇神王朝（三輪王朝）の「南加羅」に対応する王朝名で「ソカ」とも「アスカ（ラ）」とも呼ばれます。

「蘇我氏」の「ソカ」も、「日本」という国名も「日十」＝「日下（日のもと）」（東の意味）がこの字に変化したものです。古代朝鮮語では「東」は「ソ」と読まれているからです。

五〇六年に亡くなった倭王武＝昆支が誉田陵（伝応神陵）に葬られたときには、すでに今の橿原神宮の南一帯の地に都が定められていました。ちなみに「誉田陵」の「誉田《ホムタ》」は昆支の「コムキ」が転訛した地名です。つまり「誉田陵」は「昆支の御陵」という意味です。

したがって百済武寧王（在位五〇一―二三）が鏡（隅田八幡鏡）を男弟王（継体）に送った癸未年（五〇三）、男弟王（『日本書紀』は男大迹と表記）は次期皇位継承者（皇太子、左賢王）として意柴沙加宮《おしさかのみや》（忍坂宮、奈良県桜井市忍坂《おっさか》）に住んでいたのです。

百済武寧王が「男弟王」に長寿を願って鏡を贈ったのは、叔父の「男弟王」が父昆支の後を継いで大王になることを知っていたからであり、加羅の領有権ならびに新羅との緊張関係に対して、「男弟王」が武寧王にとっても最も信頼できる後見人であり、保護者であったからです。『日本書紀』継体紀に任那《みまな》領有権に関する記事がとても多いのは継体と武寧王が叔父と甥の関係にあったからです。

11　隠された辛亥年（五三一）のクーデター

以上は隅田八幡鏡から検証された史実ですが、『日本書紀』によると継体（男大迹王）は応神天皇の五世孫とされ、父彦主人王《ひこうしおう》の本拠地（滋賀県高島町）で生まれ、父が亡くなったのちは母振姫の郷里越前三国で育てられたことになっています。

武烈天皇が五〇六年に亡くなったので、大伴金村らの要請によって越前から迎えられた男大迹王は五八歳の時樟葉宮《くすはのみや》（現枚方市）で即位し、筒城宮《つつきのみや》（京都綴喜郡）→弟国宮《おとくにのみや》（現向日市）に移り、即位後二〇年目（継体天皇二〇＝五二六）に初めて磐余玉穂宮《いわれのたまほのみや》（桜井市の中西部から橿原市東部）に遷都します。

継体はようやく兄昆支（＝応神）の明宮《あきらのみや》（橿原市大軽付近、見瀬丸山古墳の近く）に宮殿を造ったのです。そのときの継体の年齢は七八歳になります。しかも『日本書紀』は弟国から磐余に遷都する間の二〇年間については、「一七年武寧王が亡くなった」「一八年百済太子明（聖明王）が即位した」というたった二行の記事で済ませています。

これら継体天皇が即位するまでの『日本書紀』の腑に落ちない一連の記事のなかで史実に近いのは継体が即位晩年に橿原大軽《おおかる》の近くに宮殿を造ったことぐらいです。ちなみに

『古事記』は継体が五二七年（継体二一年）四〇歳で亡くなったとしています。

　であれば継体は桜井の玉穂宮に遷都した翌年に亡くなったことになります。しかし『日本書紀』は継体が八二歳で亡くなったとしています。この不一致は『日本書紀』と『古事記』の単なる違いとみてよいのでしょうか。「記紀」編纂者が何か重大な事柄、つまり継体（男大迹）について知られては都合の悪いことを隠しているのではないかということです。

　そして『日本書紀』継体紀で最も不可解な記事は継体天皇二五年（辛亥、五三一）の次の記事です。


　二五年天皇は磐余玉穂宮で亡くなった。年齢は八二歳である。〔ある本によると、二八年甲寅の年（五三四）に亡くなったという。しかし、百済本紀によると辛亥年（五三一）に亡くなったとあるので本書はそれによる。〕百済本紀に「辛亥の年の三月、日本の天皇と太子・皇子はともに亡くなった」という。これによると辛亥年は二五年（五三一）にあたる。後に勘合する者が明らかにするだろう。

この辛亥年＝五三一年は稲荷山鉄剣銘文のオワケの臣「辛亥年の七月中記す。……ワカタケル大王斯鬼宮《しきのみや》にあるとき、我天下を左治する」の「辛亥年」に関係する、最も重大な欽明天皇＝ワカタケル大王のクーデターが「あったのか、なかったのか」の論争になりますので拙著『古代七つの金石文』をご覧ください。

現在中学・高校で使われている検定済日本史教科書は稲荷山鉄剣銘文の「辛亥年」を「四七一年」とし、ワカタケル大王を雄略天皇としています。しかし石渡説では「辛亥年＝五三一年」「ワカタケル大王＝欽明天皇（天国排開広庭天皇）です。

最後に継体天皇の出自について現在私の知りうることを皆さんにお話しして終わりにしたいと思います。

12　『宋書』倭国伝の冠軍将軍＝余紀が継体天皇

『宋書』倭国伝大明二年（四五八）条によると、前年、鎮東大将軍に就いた百済蓋鹵王《こうろおう》（余慶）は、宋朝に「行冠軍右賢王余紀等一一人」の叙正を求め、認可されています。認可された将軍の序列を上から列記すると征虜将軍（左賢王余昆）・冠軍将軍（余紀）・輔国将軍（余都）です。

輔国将軍の余都は余昆（昆支）・余紀の叔父文周王（在位四七五―七六）のことです。文周王は蓋鹵王が高句麗の四七五年の侵略によって殺害された後に即位した百済王二二代目の王です。文周王は漢城（ソウル）が陥落したので熊津《ゆうしん》（忠清道公州市）に遷都します。文周王は『三国史記』では蓋鹵王の子になっていますが、これは虚構であり、じつは昆支の母方の伯父であることが明らかになっています。

百済史の研究において大きな業績をあげている坂本義種は「百済においても左賢王が大王に次ぐ地位ですが、今回の叙正願は行冠軍右賢王余紀等一一人とあるので、右賢王余紀が高位にあるかのように思えるが、左賢王の地位が上である」と指摘しています。しかし東アジア史に詳しい歴史学者の鈴木靖民は「余紀」が特に叙正を請う上表の筆頭に挙げられている理由はわからないとしています。

余昆（昆支）と余紀も姓が「余」であることから、二人は高句麗同様、扶余族を出自とする百済王族の兄弟です。『三国史記』は后妃の名や序列は何も記録していないので推測になりますが、毗有王（余毗）には蓋鹵王を長子として余紀を末子とする腹違いの子が多くいたと考えられます。余紀を生んだ母が余昆（昆支）を生んだ母より序列が上だった可能性があります。

石渡氏の研究では昆支は四四〇年の生まれですから征虜将軍任官の時の年齢は一八歳です。先述したように石渡氏は隅田八幡鏡銘文から「日十大王」と「男弟王」（継体天皇）は兄弟と見ていますが、継体＝「男弟王」が昆支の弟の誰であるかは具体的に特定していません。

石渡氏は隅田八幡鏡銘文を自明とするあまり検証することを失念していたのかもしれません。あるいは氏の学問的姿勢から余紀が『宋書』倭国伝大明二年条に一度しか登場していないことと、『三国史記』を含めてその他中国の史料にもその名が見えないことから論証不可能とみて保留状態にしていたのかもしれません。

四世紀から六世紀にかけて、倭国西部から朝鮮半島を席捲した巨大氏族紀氏なる集団が『日本書紀』にたびたび登場しますが、巨大氏族紀氏の謎は継体天皇における前半生の不可解さに共通するものがあります。

継体系王統下の「記紀」編纂者は、徹底して昆支こと応神が百済で生まれたことを隠そうとした以上に、自らの始祖王継体が昆支と兄弟であることを隠そうとしたにちがいありません。「継体紀」の一連の腑に落ちない記事がそのことを物語っています。

このことは秦氏《はだ》についても言えます。秦氏は『日本書紀』の「応神紀」「雄略紀」に登場する謎の氏族です。来月出版予定（ママ）の『法隆寺の正体』にも書きましたが、応神天皇一四年条に百済から一二〇県の民を率いて帰化したと記されている弓月君《ゆづきのきみ》が秦氏の祖であると記されています。

『新撰姓氏録《しんせんしょうじろく》』（弘仁五年＝八一四）では秦の始皇帝の末裔とされていますが、秦氏は東漢《やまとのあや》と同族で百済を出自とするのが正解です。応神天皇が昆支（倭王武）の分身であり、また雄略天皇が昆支晩年の子欽明の分身であるとすれば、「応神紀」「雄略紀」に秦氏の記事が多く載っているのは当然といえます。

『日本書紀』における秦氏についての著名な記事は、天国排開広庭天皇＝欽明の冒頭の秦大津父《はだのおおつち》です。欽明が皇太子の頃夢でみた二匹の狼が噛み合うのを止めさせた人物として秦大津父を以後寵愛するという話です。秦氏についてごく簡単に述べましたが、この秦氏も継体の出自に深く関係していると私は見ています。

したがって四五八年に百済が宋に出した叙正願いのメンバーの中の右賢王余紀が「男弟王」（継体）の可能性が高いという私の独自の想定のもとに、以下話を進めます。

13　隅田八幡鏡は東アジアの歴史を知る不朽の宝

余紀＝継体説はすでに私の著作『隅田八幡鏡』の「はじめに」に発表しました。現段階では私の知る限り古代史関係の研究者から何の反応もありませんが、これが本当であれば継体天皇の出自と曖昧に放置されている隅田八幡鏡の存在がその「意味と価値」において東アジア全体の宝として不朽の位置を占めるものとなるでしょう。

さて『日本書紀』によると継体天皇は五三一年、八二歳で亡くなっていますので、余紀＝継体とすれば余紀は四五〇年前後の生まれということになります。すると冠軍将軍の余紀の年齢は八歳前後です。余紀が兄の昆支より年が若く、位の低い冠軍将軍であるにもかかわらず、蓋鹵王の上表のトップに名を連ねているのは、百済蓋鹵王の正統なる後継者に予定されていたか、あるいは兄昆支が三年後（四六一）に倭国に婿入りすることが決まっていたからかもしれません。

何故なら昆支が倭国王済のもとに婿入りするとすれば、百済王の王位継承権の最右翼は扶余族直系の余紀であるからです。余紀が渡来せず、高句麗侵略のときに戦死せず生きていたとしたら、後継者として文周王より早く百済王に即位していたはずです。

百済国内の激変により、兄の昆支（余昆）が渡来するとき弟余紀は昆支と共に渡来したか、あるいは少し遅れて渡来した可能性が大です。余紀が王位継承者の第一候補であれば、余紀の渡来はもっと遅れて蓋鹵王が高句麗の侵略で殺害された四七五年前後の可能性もあります。その時の余紀の年齢は二五歳です。

しかし済（尾張連草香）の娘目子媛《めのこひめ》の婿となった余紀は、四六五年勾大兄《まがりのおおえ》（安閑）と四六六年に檜隈高田《ひのくまのたかた》（宣化）をもうけているので、余紀の渡来は四六五年以前と考えなければなりません。

ちなみに兄昆支（応神）は済の娘目子媛の姉仲姫《なかつひめ》と結婚しています。余紀（継体）が結婚した相手の目子媛と昆支（応神）が結婚した相手の仲姫とは時代が全然ちがうのではとお思いになるでしょうが、『日本書紀』が男大迹《おほど》王を応神の五世孫とした訳もこの作為のなかにあり、そもそも応神は昆支＝倭王武の分身ですから干支四運（六〇年×四運＝二四〇年）ほど遡らせて神功皇后の子とされているのです。

事実、『日本書紀』によれば応神は仲姫との間に仁徳を生んでいます。しかし先述しましたように仁徳から武烈までの一〇人の天皇は倭の五王と崇神・垂仁の代わりに造られた架空の天皇です。

現在では大山古墳（伝仁徳陵）と誉田陵（伝応神陵）の実年代は五二〇年と五一〇年前後の築造であり、大山古墳と誉田陵の築造年代の差は一〇年前後で、大山古墳は誉田陵の築造規格を模倣しているとされています。しかも大山古墳と誉田陵の間は東西同一線上にありその距離は一五キロメートルも離れていません。昆支（応神）と継体が兄弟であることを如実に物語っています。

余紀（継体）の倭国渡来とその後に話をもどします。余紀が兄昆支とともに四六一年に渡来したとすれば、石渡信一郎氏の著作『新訂倭の五王の秘密』によれば倭王済は四六一年に亡くなり、その子の倭王興は四七七年に亡くなっているので、昆支は倭王武として四七八年に即位したと考えられます。

その頃、余紀（男弟王）は左賢王（皇太子、次期皇位継承者）の地位に就いたと想定できます。余紀こと継体が二八歳のときです。昆支こと倭王武が四九一年に百済系ヤマト王朝を立てたときは余紀こと継体の年齢は四一歳です。余紀は左賢王＝皇太子として兄倭王武＝昆支の補佐役として行政面（河内湖の開拓事業など）に専念していたに違いありません。

14 「もののあわれ」がわかる継体天皇の即位

『日本書紀』継体紀元年（五〇七）正月条に注目すべき記事があります。大伴金村大連・物部麁鹿火《あらかい》大連・許勢《こせ》男人大臣の三人が男大迹（継体）を即位させようとして節旗《みはた》をもって三国（福井県坂井郡）まで迎えに行く場面です。

内心疑いのあった男大迹は皇位に就こうとしない。たまたま男大迹を知っていた河内馬飼首荒籠《こうちのうまかいのおびとあらご》が使者を送ってひそかに大臣・大連たちの本意を詳しく説明した。まるまる二日三夜経って男大迹は即位することを決意した。

天皇（継体）は嘆息して「よかった。馬飼首《うまかいのおびと》よ、お前がもし使者を送って知らせなかったら、危うく天下の笑い者になるところであった。世の人が『貴賤を論じるな、ただその心だけを論じよ』と言うのは荒籠《あらご》のような者を言うのだろう」と言った。そして即位するにあたり荒籠を寵遇した。その年の正月二四日、天皇は樟葉宮《くすはのみや》に到着した。

継体が即位した樟葉《くすは》宮は淀川に臨む交通上の要衝の地です。おそらく淀川沿岸は馬飼部の本拠地であったにちがいありません。『日本書紀』は継体の父が近江国の高島郡（滋賀県湖西地方）を本拠としているばかりか、継体の妃稚子《わかこ》媛や広媛の父は近江国の高島郡を本拠にしたとし、大伴金村大連・物部麁鹿火大連・許勢男人大臣が三国まで迎えに行ったと書いています。

しかし河内馬飼部の本拠が淀川の樟葉あたりにあったことは明らかです。『日本書紀』編纂者は河内馬飼部と男大迹（継体）の本当の関係がわかれば、継体＝男大迹が河内湖開拓の長官として過ごした即位前の前半生が明らかになるので、継体の居場所を三国に変えたのでしょう。

「継体紀」に延々と記録されている任那《みまな》分割における百済・新羅・高句麗・倭国の四国の紛争は、加羅系渡来集団によって建国された古代日本の国家建設事業が母国から渡来した二人の王子兄昆支こと余昆と弟余紀の百済系王統に引き継がれたことを物語っています。

余紀＝継体は、兄昆支が倭王武として即位した四七八年に左賢王となってから五〇七年に即位するまでの二九年間は倭王武＝昆支をサポートします。『日本書紀』編纂者はこの二九年間の余紀＝継体の事績を完全に隠しています。

余紀＝継体の開拓の事業は仁徳天皇（継体の分身・虚像）の事績に反映しています。『日本書紀』編纂者は応神を昆支の分身としたように、仁徳を継体の分身としたのです。

石渡氏説の古代史を理解する上で最も重要な命題は「新旧二つの渡来集団（加羅系と百済系）による日本古代国家の建設」なのです。

旧＝加羅系（崇神天皇を始祖王とする集団）と新＝百済系（応神＝昆支を始祖王とする集団）は母国（わかりやすく言えば本国、朝鮮半島南部）にそれぞれ実家・本家・故郷をもっていたということです。分家が倭国日本にあったのですが、分家が栄え、朝鮮半島にあった本家は勢力を失い分散した、と考えたほうがよいかもしれません。

本居宣長のいう「もののあわれ」は、いわゆる日本人古来の独自なものではなく、故郷を喪失した天皇家（加羅系・百済系）固有のものと考えたほうがよいでしょう。紫式部の『源氏物語』も国文学の対象とするだけでなく、史実からも再検討をする必要があります。なぜなら紫式部のスポンサーであった藤原道長は河内淀川周辺の馬の生産にかかわった源氏三代（頼信・頼義・義家）と荘園の管理を通して深い関係があったからです。

そろそろ制限時間がいっぱいになりそうなので、ここら辺で私の話は終わりにしたいと思います。「日本のなかの朝鮮文化——東海フォーラム」の皆様のご依頼による講演でしたが、私はこうして皆さんに向かってお話ができたことを心から感謝いたしております。私も大変勉強になりました。皆さんの目標とする「文化」が東海地方のみならず、日本そして東アジアの文化へ、さらに世界に恥じない文化に発展することを願って、私の拙い講演を終わりにいたします。ご清聴ありがとうございました。

第Ⅱ章　二つの渡来集団による日本古代国家の成立

名古屋YWCA林順治講演会
二〇一四年一一月一六日、PM一：三〇～四：三〇
主催三河塾〈日本のなかの朝鮮文化——東海フォーラム〉

Check Point

〈講義のポイント〉

- □ 兄昆支（＝倭王武、応神）、弟余紀（継体）の関係と背景を解明（石渡説）
- □ 応神・仁徳陵の真の被葬者は誰か
- □ 倭の五王と記紀の天皇は対応関係ではない
- □ 日本古代国家は新旧２つの渡来集団（百済系と加羅系）によって形成された
- □ それぞれの系統は古墳群分布にも示されている
- □ ２つの権力系統の（百済系昆支王統と百済・加羅系継体王統）興亡で国家神が変遷する

1　日本古代国家の成立と天皇の起源を知る命題

三河塾の皆様、また、東海フォーラムに参加されました皆様、こんにちは。ふたたびお招きいただきましてありがとうございます。前回の集会は、昨年の一一月一四日ですからまる一年になります。この間、私は『法隆寺の正体』、『アマテラスの正体』、そして今月は『ヒトラーはなぜユダヤ人を憎悪したか』を出版しました。

『アマテラスの正体』では、『古事記』が古く『日本書紀』が新しいという通説に対して、藤原不比等が太安万侶など優秀な文人や官人たちを登用して「記紀」（『日本書紀』と『古事記』）をほぼ同時に作らせたことを書きましたが、中身はかなり難解になりました。

藤原不比等は律令（大宝律令）、平城京をつくった時の最高権力者です。彼は当時の巨大国唐の律令制を模倣して律令や平城京をつくっただけではありません。独自に日《ひ》の下《もと》＝日本のアマテラスを祖とし神武を初代天皇とする万世一系天皇の物語、すなわち『日本書紀』と『古事記』も一緒につくったのです。

藤原不比等が構想した「万世一系天皇の思想」は、奈良・平安・鎌倉時代、そして江戸・維新政府を経て明治二二年には大日本帝国憲法第一条の「万世一系天皇之を統治す」として復活しています。

ところで次のような新聞記事をみて驚きました。今年（二〇一四年）の四月二五日の朝日新聞の夕刊です。

天皇、皇后両陛下は二五日、式年遷宮が行われた伊勢神宮参拝のため、新幹線の臨時専用列車で東京駅を出発した。歴代天皇に受けつがれた「三種の神器」の剣と璽《じ》も一緒に運ばれた。〔引用者注：璽とは勾玉のこと。剣とあわせて「剣璽」と呼ぶ〕

剣と璽が皇居外に運ばれたのは二〇年ぶり、皇居に置かれているのは勾玉のみ。剣は熱田神宮（名古屋）、鏡は伊勢神宮に置かれ、いずれも複製品《レプリカ》が皇居・御所の「剣璽の間」に納められている。

この記事を長々と解説するわけにはいきませんが、天皇の伊勢神宮参拝には「榊《さかき》」をもって参拝するのが決まりです。榊とは天の岩屋戸《いわやと》に隠れたアマテラスを呼び出すために藤原氏の先祖である中臣連天児屋根《あまのこやね》が祝詞《のりと》を読むために用意した「神が拠《よ》る聖域を示す木」のことです。『日本書紀』と『古事記』には榊に勾玉と八咫《やた》の鏡が吊り下げられたと、書かれています。

この場面は「天孫降臨」と同じく「記紀」神話のクライマックスの一つですから『日本書紀』にも『古事記』にも詳細に書かれています。

話は最近のことになりますが、今年も一国の首相や国会議員が靖国参拝をしたの、しないので日中・日韓との間で抜き差しならない政治・外交上の問題になっています。靖国神社を参拝する国会議員もこの「榊」を奉納します。このように今も神話で語られている儀式が天皇家はもちろん、国民から選ばれた国会議員によって行われています。「榊」に込められた意味はとても根が深いのです。

さて、在野の古代史研究者石渡信一郎氏が日本古代史上の数々の発見を盛り込んだ『応神陵の被葬者はだれか』を出版したのは、ベルリンの壁が崩壊した翌年の一九九〇年の二月です。前年（一月一七日）には昭和天皇が亡くなり、時代は昭和から平成に変わりました。本が世にでてから早くも二五年になろうとしています。

石渡氏の数々の発見のなかで最も優れているのは「日本古代国家は朝鮮半島からの新旧二つの渡来集団によって形成された」という説です。この説は石渡理論、すなわち日本古代国家成立を知る上での「命題」とも言えます。今日はまずこのことについてお話ししたのち、皆さんとの質疑応答の時間にしたいと思います。

この命題を念頭に置いて、今現在、世界に起きている領土・民族・移民に関する事件を見聞きし、さまざまな本を読み、古墳や遺跡を見て歩けば、きっと日本と朝鮮半島を含む東アジアの躍動に満ちた歴史を学ぶことができるはずです。

2 奈良纏向に王都をつくった加羅系渡来集団

ところで前回の講演では後半の「継体の出自」のあたりで時間切れのためかなり端折ってお話ししたように記憶していますが、日本古代史は「継体の出自」が最も難解なところです。お渡ししています図表をご覧になりながら聞いてください。

今回は継体（仁徳）と昆支（応神）の二人の兄弟が倭の五王「讃・珍・済・興・武」の済に婿入りしたことと、すなわちその「倭の五王とはだれか」を説明したいと思います。このことをしっかり理解しておけば、日本古代史の謎はスラスラ解けるようになること請け合いです。

「旧の渡来集団」とは朝鮮半島の南部から倭国（日本）に渡来した集団のことを言います。この渡来集団は四世紀前半北部九州に渡来し、邪馬台国を滅ぼします。その後、瀬戸内海を東進して吉備地方（岡山県）に前進基地を作り、次に大阪湾から難波・河内に侵入して奈良盆地の三輪山山麓東南部の纏向《まきむく》に王都を置きます。今の奈良県桜井市の一帯です。

この加羅から渡来した集団を加羅系渡来集団と言います。加羅系渡来集団の初代の王は天理市にある石上《いそのかみ》神宮の七支刀銘文には「旨」と刻まれ、「記紀」には「崇神またはミマキイリヒコ」と書かれ、朝鮮の『三国遺事』では金官伽耶の始祖王首露のことで、正暦四二年に生まれたと書かれています。

『三国遺事』は一三世紀末に高麗の高僧一然（一二〇六―一二八九）によって書かれた私撰の史書ですが、ほぼ同時期に刊行された金富軾《きんふしょく》編の『三国史記』と並んで朝鮮半島古代史の基本文献として扱われています。

旨こと崇神を始祖王とする加羅系崇神王朝は、垂仁↓讃↓珍↓済↓興↓武と七代続きます。つまり崇神・垂仁・讃・珍・済・興・武の七人が加羅系崇神王朝の王たちです。

崇神・垂仁の次の「讃・珍・済・興・武」の五人の倭の王は、皆様もご存知の『宋書』

倭国伝（四八八年成立）に記録されている、いわゆる倭の五王「讃・珍・済・興・武」のことです。

崇神（三一二―三七九）が加羅から倭国に渡来して王となった時期を三四二年とすると倭の五王「讃・珍・済・興・武」の最後の倭王武が亡くなった年が五〇六年ですから、加羅系崇神王朝は約一六四年間続いたことになります。ちなみに『日本書紀』では第一〇代崇神天皇の在位年代は紀元前九七年から紀元前三〇年になっています。

ただし倭の五王「讃・珍・済・興・武」の倭王武は四六一年百済から加羅系倭王済の入り婿となった後、四九一年大和橿原に「新」の「百済系ヤマト王朝」を確立した始祖王なので、加羅系崇神王統に属した王とは言えません。しかしここでは倭の五王のなかにいれておきます。

石渡氏は以上の倭の五王「讃・珍・済・興・武」の生没・在位年代を井原教弼《みちすけ》氏の「干支一運六〇年の天皇紀」をさらに進化させ、二〇一〇年に出版した『倭の五王の秘密』（『新訂倭の五王の秘密』二〇一六年刊）で割り出しています。

こうして見ると加羅系崇神王朝の七人の王の平均在位年代は二三・四年です。ところが『日本書紀』によると仁徳天皇は西暦三一三年から三三九年まで八六年間在位していますが、これは歴史の常識を超えたフィクションであることは言うまでもありません。

中学・高校以上の参考書として使われている「世界史年表」でも、日本古代史は二六六年倭の女王台与《とよ》が晋に遣使をしてから、四一三年の倭王讃が東晋に遣使をするまでの一四七年間は〝空白の一四七年〟となっています。

〝空白の一四七年〟のうち仁徳天皇在位年八六年がその五八％を占めているにもかかわらず、倭国の史実として認めることができるような記事が『日本書紀』仁徳紀にはほとんどみつかりません。つまり仁徳天皇は実在しない虚構の天皇であることがわかります。

石渡信一郎氏が作成した古代倭国王の在位年代
（『新訂倭の五王の秘密』より）

代	名前	在位期間
1	旨・崇神	342-379
2	垂仁	380-409
3	讃	410-437
4	珍	438-442
5	済	443-461
6	興	462-477
7	武・昆支・応神	478-506
8	継体	506-531
9	欽明	531-571
10	敏達	571-585
11	馬子	585-623
12	善徳（蝦夷）	623-643
13	真徳（入鹿）	643-645
14	孝徳（舒明。他）	645-654
15	中（中宮。間人）	655-661
16	中大兄称制	661.7-662.1
17	弘文	671-672
18	天武	672-686
19	持統称制	686-689
20	持統	690-697
21	文武	697-707

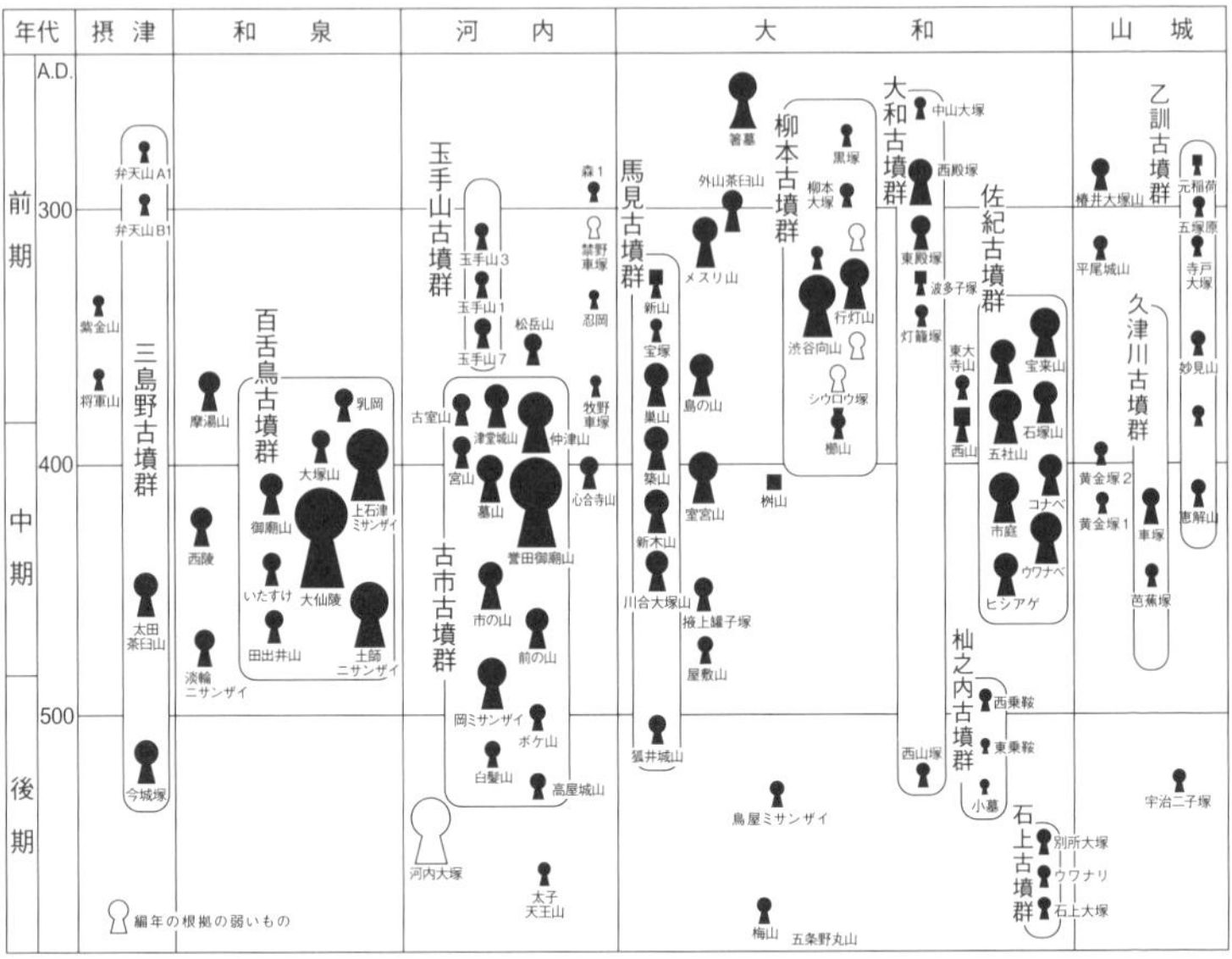

畿内における大型古墳の編年

考古学的には崇神・垂仁および倭の五王「讃・珍・済・興・武」の墳墓（お墓）は次のように推定できます。

まず始祖王崇神の墓ですが、奈良県桜井市箸中《はしなか》にある全長二七六メートルの箸墓古墳です。

箸墓古墳は初瀬川（大和川の上流）の地図の真中あたりです。初瀬川の南（下）に外山《とび》茶臼山古墳とメスリ山古墳が見えます。この二つの古墳は戦後発掘調査が行われ、メスリ山古墳の二メートルを超す円筒埴輪や鉄剣・矢じりなど数百点の遺物は、現在、橿原神宮近くに橿原考古博物館（橿原神宮駅前下車）に展示されています。

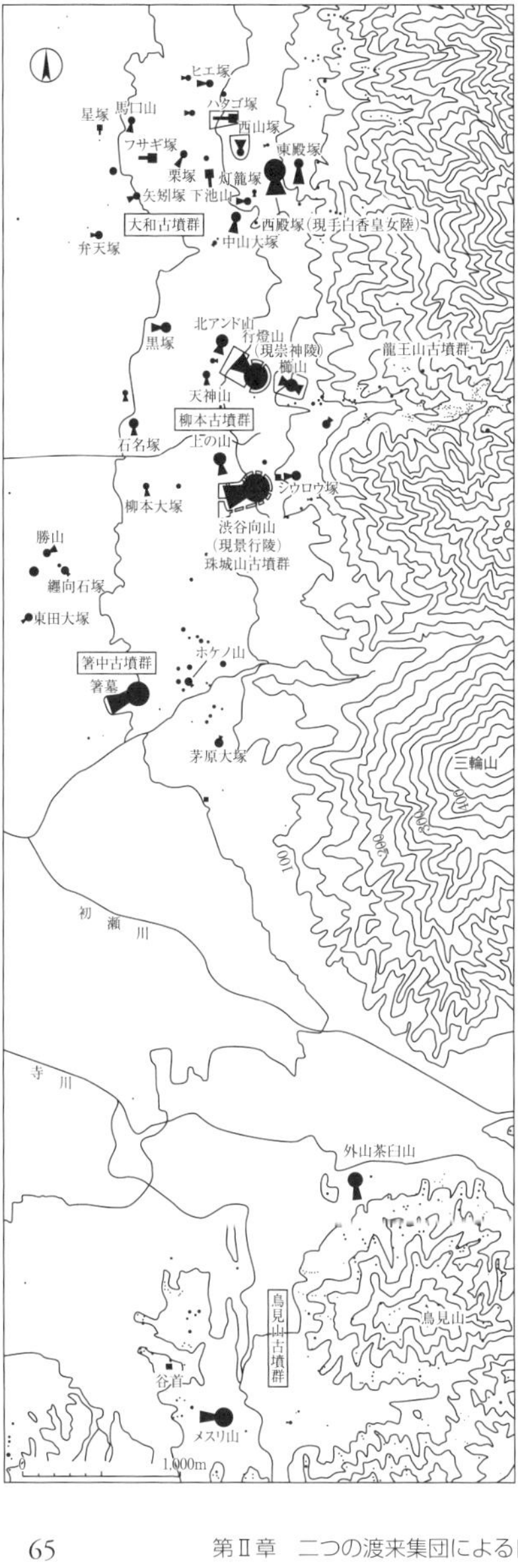

奈良盆地東南部における大型古墳の分布

両古墳が天皇陵（注：天皇陵は宮内庁より原則発掘が禁止されている）ではなく、天皇に仕えた巨大豪族大伴氏か物部氏の古墳だったので発掘調査ができたのでしょう。昨年亡くなりました森浩一氏は大学の講師時代から茶臼山古墳の発掘調査に従事し多くの研究業績をあげました。三角縁神獣鏡も出土しています。

3　三角縁神獣鏡は卑弥呼が魏からもらった鏡ではありません

ところで箸墓古墳は『日本書紀』では第七代孝霊天皇（紀元前二九〇―紀元前二一三）の皇女倭迹迹日百襲姫命《やまとととびももそひめ》の墓とされています。箸墓古墳の周辺の発掘調査が現在も行われており、新聞各紙やテレビも断続的に邪馬台国の卑弥呼の墓ではないかと報道しています。しかし箸墓古墳＝邪馬台国の女王卑弥呼の墓説は、古墳の実年代がまったく異なることから間違いです。

崇神の子の垂仁の墳墓は山辺《やまのべ》の道沿いにある行燈山《あんどんやま》古墳（倭の五王の讃の墓。全長二七〇メートル、奈良県天理市柳本町）です。この行燈山の西側に位置する黒塚古墳（全長一三〇メートル）からは一九九七年の暮れに三三枚の三角縁神獣鏡が出土しています。

黒塚古墳は、JR奈良駅始発の桜井線柳本駅から東へ約八〇〇メートル町並みに沿って歩くと進行方向左にあります。傍に出土物の展示館もあります。古代史学界（会）や通説では三角縁神獣鏡は卑弥呼が魏からもらった鏡の一部としていますが、これも間違いです。加羅系渡来集団の二代目の垂仁こと活目入彦五十狭茅《いくめいりびこいさち》がつくった鏡です。約五〇〇枚以上の三角縁神獣鏡は四世紀後半から五世紀中頃の全国各地の前期前方後円墳から出土しています。

皆さまもすでに御存知だと思いますが、山辺の道は奈良から天理の石上神宮を経て大神《おおみわ》神社、そして桜井に至る約南北三五キロ前後の自然歩道ですが、ＪＲ桜井線は山辺の道と平行に走っています。

その沿線には巨大古墳が並んでいます。わかりやすく言いますと、下（南）から上（北）にいくほど古墳の年代が新しくなります。

アマテラスを祀る檜原《ひばら》神社は元伊勢とも呼ばれますが、大神《おおみわ》神社の北七〇〇メートルのところにあります。この地図には載っていませんが、箸墓古墳の東南約一キロに位置しています。

『アマテラスの正体』のカバー写真は、二上山の日没風景ですが、古墳の撮影で著名な梅原章一さんに付き添い、私も一緒に今年三月二一日の春分の日に橿原神社の境内から撮影したものです。橿原神社を訪れるには桜井線の巻向駅でも三輪駅でも距離はほぼ同じです。そこら一帯の景色は春夏秋冬を通じて「素晴らしい」の一言につきます。

行燈山古墳の南側にある渋谷向山古墳（全長三二〇メートル）が垂仁こと活目《いくめ》入彦《いりびこ》五十《い》狭茅《さち》の墓です。通説では景行天皇の墓とされています。皆さまにお渡ししている地図では景行天皇の陵となっています。続いて倭の五王の二番目の珍（ワカキニイリヒコ）の墓ですが、奈良盆地北部の五社神《ごさし》古墳（全長二七六メートル、奈良市山陵町宮ノ谷）と言います。地図（六五頁）には載っていません。

宮内庁は五社神古墳を「神功皇后陵」としていますが、神功皇后は邪馬台国の女王卑弥呼に見せかけた架空の天皇ですからあてになりません。

二枚目の地図（七一頁）をご覧ください。次は倭の五王の三番目の済の墓です。済の墳墓は大阪藤井寺市沢田の仲ツ（津）山古墳です。全長二九〇メートル、古市古墳群の北部にあたり、誉田陵＝応神陵の北側に位置します。この辺りを散策するには大阪阿倍野発近鉄南大阪線（橿原神宮方面）の土師《はじ》ノ里か道明《どうみょう》寺かどちらの駅を降りても見るところは同じです。

誉田陵（応神陵）は全長四二〇メートルで、仁徳陵＝大山古墳の四八六メートルに次ぐ日本最大の古墳ですが、仲ツ山古墳と前方部を突き合わせて築造されています。航空写真からその様子がよくわかります。

通説では仲ツ山古墳は応神の后仲姫《きさきなかつひめ》の墓とされていますが、仲ツ山古墳から出土した円筒埴輪の編年からこの古墳の実年代は四六〇年代から四七〇年代前半とされています。したがって応神天皇の后仲姫《なかつひめ》の墓でないことは明らかです。

四番目の輿の墓ですが、堺市西区石津ヶ丘の石津丘古墳です。宮内庁は「履中天皇陵」としています。そして倭の五王「讃・珍・済・輿・武」の最後の「武」の墓は誉田（ほむた・こんだ）陵＝応神陵です。つまり、倭王武は応神陵の被葬者であるということになります。

「ははあ、応神天皇とは倭王武のことか」と皆様も気付かれると思います。事実、応神陵の周辺には「誉田《こんだ》」という地名があり、地元では応神陵の前にある応神天皇を祭神とする八幡神社を「コンダさま」とも呼びます。コンダは百済蓋鹵王の弟昆支《こむき》がホムタになりコンダに訛ったものです。

以上は加羅系崇神王朝の墳墓ですが、崇神・垂仁・讃・珍の墓は、奈良盆地の東側山麓の山辺の道を桜井→天理→奈良と北上し、済と輿と武の墓は大和川が奈良盆地を出て河内平野に出る石川と合流する地帯、現在の大阪府藤井寺市、羽曳野市の大和川左岸に位置していることです。ただ、興の墓は済と武の墓から約一五キロ西にある堺市の仁徳陵に近いところにあります。

これら大王墓の北上を指摘したことによって白石太一郎氏（大阪府立近つ飛鳥博物館館長）は一流の考古学者としての地位を確定的にしましたが、白石氏は先に述べた箸墓古墳の被葬者を卑弥呼としていることや、お渡ししています地図（六五頁）からもおわかりのように天理市にある西殿塚古墳（全長二三四メートル、宮内庁は継体天皇の后手白香皇女の陵に治定）を卑弥呼の後継者かあるいは娘の台与の墓としているのは間違いです。

4　大和川と石川が合流する一帯は倭王済の本拠地

お渡ししました大和川と石川の合流地点の地図（七一頁）を見て下さい。大和川と石川に挟まれた古墳群を玉手山古墳群、右上に松岳山《まつおかやま》古墳群があります。

皆様には玉手山か松岳山にぜひ行って見ることをお勧めします。

玉手山古墳群・松岳山古墳及び古市古墳群

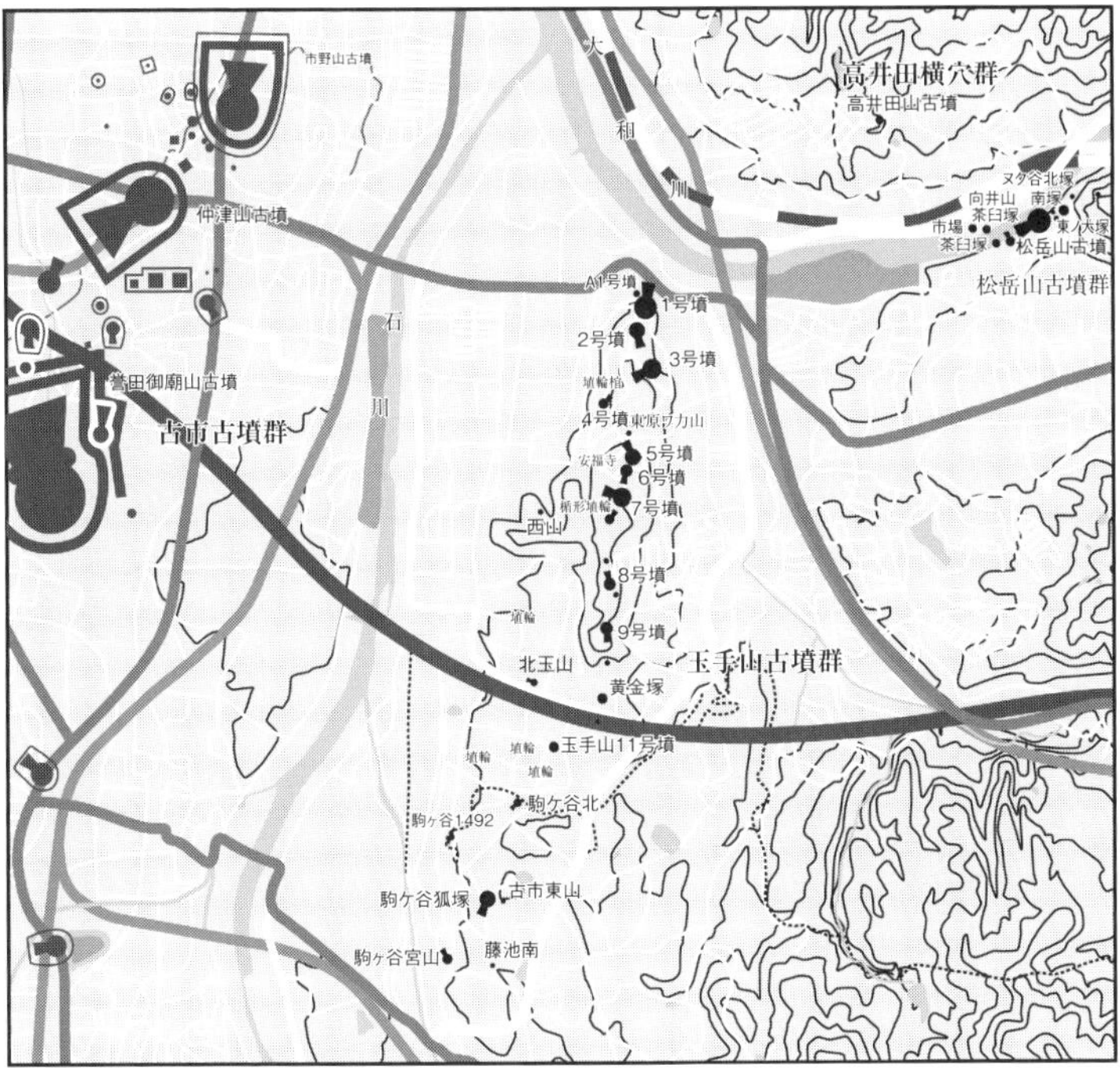

松岳山古墳群に墳丘が東を向いている前方後円墳があります。松岳山古墳と言います。この近くの岸壁の上に立つと眼下に大和川が渦巻いて流れているのが見えます。それだけでも見応えがあります。

この古墳の周辺から『古代七つの金石文』にも書いた「船《ふな》氏《し》王《おう》後《ご》墓誌」が出土しています。

松岳山丘陵の南斜面には昆支王を祀る国分神社が

あり、もう一つ昆支王を祀る飛鳥戸《あすかべ》神社が四キロ南の近鉄南大阪線の上ノ太子駅に近い羽曳野市飛鳥に鎮座しています。

『日本書紀』欽明天皇一四年（五五三）六月条に「蘇我稲目が王辰爾《おうしんじ》に船の貢ぎを記録させた」とあり、敏達天皇元年（五七二）五月条には「誰も読めなかった上表文を船氏の先祖王辰爾が馬子大臣の前で見事に読解した」と書かれています。「船氏王後墓誌」は百済人王辰爾一族の系譜を刻んだものです（『古代七つの金石文』に詳述）。

大和川と石川の合流地点の壮大な風景を眺めるには、大阪・奈良間の大和路快速が通過するJR高井田駅のプラットホームが一番ですが、快速は止まりませんので各駅停車に乗り換えなければなりません。高井田駅の背後の山は百済系渡来集団による高井田古墳群（横穴群集墳）が有名です。

さて、次の「倭の五王と倭武（昆支）との関係図」をご覧ください。系図を見てもお分りのように、倭の五王の済は新斉都媛《しせつひめ》（百済直支王の娘）との間に興と仲姫《なかつひめ》と高木入姫《いりひめ》を生み、倭の五王珍の孫娘大中姫との間に目子媛を生みます。

倭王済は後継者にして長子の興の体が弱かったか何かで蓋鹵王の弟昆支（余昆）と余紀（継体）を娘婿に迎え、昆支は仲姫と高木入姫、弟姫と結婚します。また余紀＝継体は目

倭の五王と倭武（昆支）との関係図

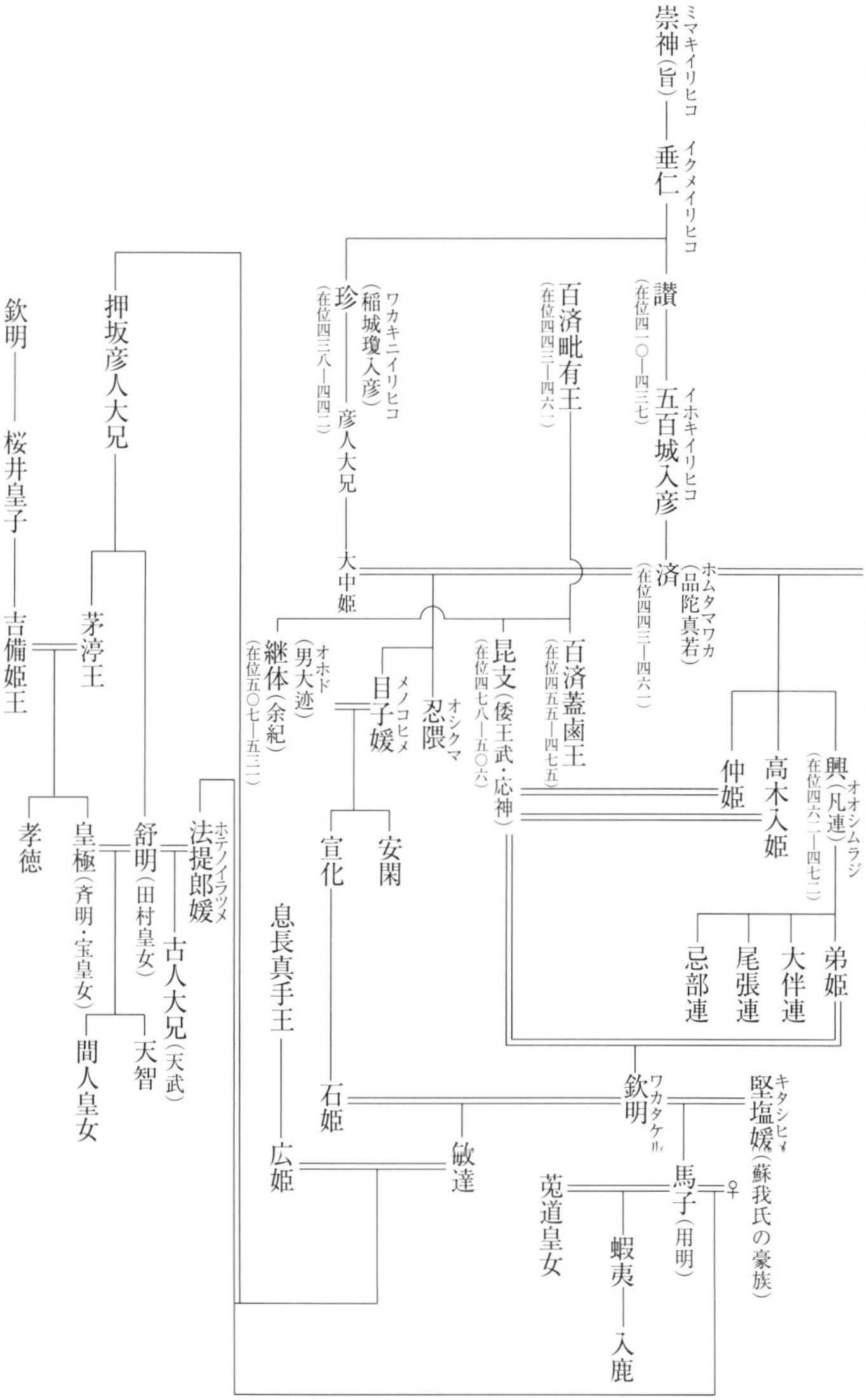

子媛と結ばれます。継体の妃目子媛と昆支（倭王武）の后仲姫は父（済）は同じですが母が異なります。

仲姫と弟姫の名は『日本書紀』応神天皇前紀（二七〇）に記され、目子媛の名は『日本書紀』継体天皇元年（五〇七）三月条に「尾張連草香《おわりむらじくさか》の女《むすめ》目子媛との間に安閑と宣化を生む」と書かれています。

『日本書紀』応神紀と継体紀の年代が約一三〇年の開きがあるのは『日本書紀』編纂者が倭王武＝昆支＝応神と継体が兄弟であることを知られたくないために「継体が応神天皇の五世孫である」と作為しているからです。

5　倭の五王を「記紀」の天皇に当てはめるのは間違いです

この継体天皇元年（五〇七）三月条に登場する尾張連草香は倭の五王の済のことです。しかし倭の五王「讃・珍・済・興・武」について『日本書紀』も『古事記』も一切触れていません。倭の五王「讃・珍・済・興・武」の倭王武について文献上知ることができるのは、『宋書』倭国伝順帝昇明二年（四七八）条に記された次の記事です。

倭国王興死し、弟武立つ。武遣わして方物を献じて上表す。武を使持節都督倭・新羅・任那・加羅・秦韓・慕韓六国諸軍事安東大将軍倭王となす。

〈注〉使持節は皇帝から節刀を与る使持節、持節、仮節の最上位。都督は倭、新羅、任那、加羅、秦韓（辰韓）、慕韓（馬韓）という地域の軍の司令官の意味。当時、宋による評価は高句麗王（征東将軍）→百済王（鎮東将軍）→倭国王（安東将軍）の順位。

倭の五王を「記紀」に記された天皇のだれかにあてはめる論法は国学者松下見林（一六三七―一七〇三）から今日まで続いています。『古事記伝』で有名な本居宣長（一七三〇―一八〇一）は『馭戎概言《ぎょじゅうがいげん》』に「宋に使いを出して貢物を献上したのは、九州地方の豪族たちが倭王の名をかたって勝手にしたことで、日本の天皇が外国に朝貢して官職や位を授けられるはずがない」と主張しました。

本居宣長の説は異例ですが、江戸時代から倭の五王の比定は讃が応神か仁徳あるいは履中、珍は反正か仁徳、済は允恭、興は安康、武が雄略とするのが定説です。しかし天皇の和風諡号から倭の五王を特定する手法に異議を唱えている学者・研究者もいます。『邪馬台国はなかった』の著者古田武彦は「倭の五王は九州王朝の王である」（『失われた九州王朝』）と主張しました。

『梁書』倭国伝五〇二年条には「倭王武を征東大将軍とす」と書かれています。雄略天皇＝倭王武とするある高名な文献史学者は「雄略天皇（在位四五六―四七九）が五〇二年まで生きているわけがない。なにかの間違いか雄略の死んだことを知らないで書いた記事ではないか」と一蹴しています。しかし仏教王としても有名な梁の武帝（五〇二―五四九）は百済武寧王にも大きな影響を与えています。

日本の古代史学界（会）はもちろん考古学者もこぞって、倭王武を『日本書紀』の雄略天皇にあてはめています。したがって中学・高校の文部省検定歴史教科書は倭王武を雄略天皇としています。それればかりか稲荷山鉄剣銘文の「辛亥年」を四七一年とし、「獲加多支鹵《わかたける》大王」を雄略天皇としています。

『日本書紀』編纂者は昆支王渡来の史実を可能なかぎり隠したかったのでしょうが、昆支王渡来の史実は『日本書紀』雄略天皇五年（四六一）四月条にはっきりと書かれています。皆様も『日本書紀』の記事をご自分の目で確認してみてください。

『日本書紀』の雄略天皇五年四月条の記事は古代史研究者の間でも大きな問題となりましたが、四六一年四月の「雄略紀」の昆支が、『三国史記』の「四七七年四月に王弟の昆支が内臣左平（左賢王）に就任。同年七月に死亡」した昆支と同一人物であることに気付いた研究者はごく少数でした。

どういうことかと言いますと、『日本書紀』によると昆支は倭国に渡来しています。しかし『三国史記』百済本紀によるとその昆支は四七七年に百済で内臣左平に就任したがその三ヵ月後に死んだと書かれています。『三国史記』の記事が本当だとすれば、昆支王は百済に戻っていなければならず、倭国で倭王武として即位したことはあり得ないことになり、両者は同一人物ではないことになります。

6　蓋鹵王の弟昆支王（倭王武）は百済の左賢王です

『宋書』百済伝の大明二年（四五八）によると、余慶＝蓋鹵王（在位四五五―四七五）が使者を派遣して一一人の任官を要請したなかに「征虜将軍」の位を要請された余昆なる人物

がいます。しかも余昆は百済王族の中でも隔絶した地位の「左賢王」の称号を帯びていま
す。言って見れば、左賢王は蓋鹵王に次ぐナンバー2の位です。

ちなみに「内臣佐平」とは第一五代枕流《とむる》王（在位三八四—八五）の三八〇年代に確立した百済の官制で一品の六佐平から一六品まであり、六佐平六人はトップの内臣→内頭→内法→衛士→朝廷→兵官佐平の順になっています。内臣佐平は王位後継者で皇太子の位置にいた人物と言ってよいのです。

そして『日本書紀』雄略紀五年の昆支と『三国史記』百済本紀の昆支と『宋書』百済伝の余昆の三人が同一人物であることに気が付いたのは、日本の古代史研究者のなかで石渡信一郎氏をのぞいて皆無でした。

その最も大きな理由は『三国史記』の「昆支が四七七年七月に死亡した」という記事です。二つ目は『日本書紀』雄略紀では昆支が蓋鹵王の弟になっていますが、『三国史記』では文周王の弟になっている点です。三つ目は昆支（倭王武）が倭国で王になったことに誰も全く気が付いていなかった点です。

『三国史記』に書かれているように、昆支が四七七年に内臣左平に任命されたのであれば、先に述べたように四六一年に倭国に渡来した昆支は四七七年以前に百済に帰国していなけ

ればなりません。

この問題を解いたのが当時立命館大学の講師であった古川政司氏です。一九八一年「立命館文学」四三三・四三五号に発表された「五世紀後半の百済政権と倭」という論文のことです。この発見は井原教弼氏の「干支一運六〇年の天皇紀」に勝るとも劣らぬ日本古代史上の大発見と私は思っています。

古川氏のその後の動向は井原教弼氏同様よくわかっていません。古川政司氏の研究の概要は拙著『日本人の正体』に書きましたので、ここでは簡単にお話ししておきます。

古川氏は蓋鹵王が昆支の兄で二人は毗有王（在位四二七―五五）の子であり、文周王（二二代百済王）は蓋鹵王の子ではなく毗有王の妻方の兄弟であり、蓋鹵王と昆支の叔父にあたることを明らかにしました。

そして高句麗襲来による蓋鹵王の戦死および王都漢城（ソウル）の陥落の情報が倭国に伝わった時期を四七六年とし、四七七年一一月、昆支は南宋へ朝貢した倭王武の使者に同行して帰還した可能性も高いと考えました。ここでわかることは、古川氏は倭王武＝昆支とは考えていないことです。このことは石渡氏と決定的な違いです。

いっぽう石渡信一郎氏は『三国史記』の「四七七年四月に王弟の昆支を内臣佐平に任じ

たことと、七月に昆支が死んだ」という記事を信頼していたので、当時、昆支を誉田山古墳（伝応神陵）の被葬者の候補からはずしました。

しかしその後『日本書紀』が昆支の帰国を記録していないことに気が付いたのです。『日本書紀』は倭国に来ていた王子が帰国した時には、その年など必ず記録しているにもかかわらず、昆支の場合に限って帰国を記録していません。

そこで『日本書紀』をよく読んでみると「雄略紀」五年条の記事に昆支が「軍君《こにきし》」と書かれていることに気が付いたのです。「コニキシ」は百済語で「大王」「国王」を意味する言葉です。

「軍君」が「大王・国王」を意味する称号であれば、昆支は大王・国王であったのだと考え、昆支が王位についた国は倭国以外にありえず、四七七年に百済で昆支が死亡したという『三国史記』の記事が虚構だと考えたのです。

それでは『三国史記』はなぜ文周王を蓋鹵王の子とし、昆支を文周王の弟としたのでしょうか。石渡氏は偽りの系譜を作った理由を次のように分析しています。

蓋鹵王の死後、左賢王の地位にあった昆支が百済王にならなかったのは、倭国の国王になる方を選んだからである。蓋鹵王が死亡した時、昆支は倭国王興のもとですでに第一人者であり、興の後継者と予定されていた。昆支は倭国で王となり百済に援助することにより、兄蓋鹵王を殺した高句麗に復讐しようと考えた。そのため百済王位の権利を叔父の文周王に譲った。しかし倭国も百済も昆支が後に倭国王となったことを表向きには秘密にした。

そこで傍系の文周王が即位した事情を隠すために、百済は文周王を蓋鹵王の子とした史書を作成させた。『三国史記』の選者はこの史書にもとづいて、『三国史記』百済本紀を編纂したためにこのような偽りの系譜を作ることになったのです。

7　昆支王と余紀はいつ倭国に渡来したのか

以上が石渡氏の考察ですが、『日本書紀』雄略紀二三年（四七九）条には昆支の五人の子のうち第二子末多王（牟大）が百済に送り返され百済第二四代東城王（在位四七八―五〇一）になったとありますが、父倭王武＝昆支が倭国王であったことを示しています。もちろん五人の子のなかに第二五代百済王の武寧王（五〇一—二三）も含まれています。

当時、石渡氏は誉田陵（伝応神陵）の築造年代を大山古墳（伝仁徳陵）より一〇年古い五一〇年前後と考えていました。そして誉田陵を応神が五〇歳のときに造営した寿墓（生前に造る墓）と推定し、応神の出生年を四四〇年の庚辰《こうしん》年前後と推定したのです。すると案の定、『日本書紀』が応神の生年を干支四運（二四〇年）繰り上げ、正暦二〇〇年の庚辰の年にしていることがわかったのです。そこで四四〇年に生まれた応神が加羅系崇神王朝の入り婿になるため日本に渡来したのは四六〇年代と考えられるので、この頃に日本に渡来した百済王子を『日本書紀』に探したところ、雄略紀五年（四六一）四月条に百済の王子昆支が渡来したという記事を発見したのです。

その後まもなく、石渡氏は隅田八幡鏡銘文を次のように解読したのです。

癸未年（五〇三）八月、日十《ソカ》大王（昆支）の年（世）、男弟王（継体）が意柴沙加宮（忍坂宮）に在《いま》す時、斯麻（武寧王）は男弟王に長く奉仕したいと思い、開中（辟中）の費直《こおりちか》（郡将）と穢人今州利の二人の高官を遣わし、白い上質の銅二百旱を使って、この鏡を作らせた。〔石渡信一郎解読文〕

それでは『宋書』百済伝大明二年（四五八）に登場する右賢王・冠軍将軍である昆支の弟の余紀＝継体はいつ渡来したのでしょうか。この右賢王・冠軍将軍余紀については、『宋書』百済伝四五八年の記事以外、その他の文献からは皆目わかりません。私はこの余紀が継体天皇と見ています。継体は済の女《むすめ》目子媛との間に安閑・宣化を生んでいます。

そして『日本書紀』安閑紀には「安閑天皇二年（五三五）一二月の死去。勾《まがりの》金橋宮で死去。時に七〇歳」と書かれていますので、安閑の生まれた年は四六六年であることがわかります。

すると余紀＝継体天皇の倭国渡来は四六五年以前、兄の昆支渡来の雄略天皇五年（四六一）以降となります。これは余紀＝継体が兄昆支と一緒に渡来した場合のことです。『日本書紀』継体天皇二年（五三一）二月条では継体は八二歳で亡くなったとしていますから、生年は四五〇年前後とみてよく、兄昆支とは一〇歳の年齢差です。

昆支＝倭王武＝応神は先述しましたように四九一年（辛未の年）に畝傍山の東南の軽島豊明宮で「百済系ヤマト王朝」の初代大王として即位しました。その後も継体＝余紀は左賢王（皇太子）として昆支に仕えました。そして継体＝余紀は甥の武寧王から鏡（隅田八幡鏡）を贈られた五〇三年頃は桜井の忍坂宮《おしさか》に住んでいました。即位した五〇七年には兄昆支の本拠橿原に転居したと考えられます。

継体天皇は仁徳陵（大山古墳）の被葬者です。羽曳野市の昆支＝倭王武＝応神が埋葬されている誉田陵と、余紀＝継体が埋葬されている大山古墳（伝仁徳陵）は同じ寿墓で、その築造年代は誉田陵が五〇五年前後、大山古墳が五一五年前後で約一〇年の開きがあります。

昆支と余紀の一〇歳の年齢差や大山古墳と誉田陵の墳形の類似性は二人が兄弟であったことを如実に物語っています。

晩年の昆支と済の娘弟姫との間に生まれた欽明＝ワカタケル大王が五三一年の辛亥のクーデターで継体天皇の死と同時に安閑・宣化を殺害し全国制覇を成し遂げてからは、欽明＝ワカタケル大王による継体系との和合政策により、皇位継承は昆支系（応神陵、古市古墳群）と継体系（仁徳陵、百舌鳥古墳群）が交互に行うのがルールとされました。

しかし欽明の子蘇我馬子の登場によってこのルールは破綻します。そして蘇我王朝三代（馬子・蝦夷・入鹿）の独裁は、六四五年の中大兄・藤原鎌足による乙巳《いっし》のクーデター、いわゆる大化の改新で倒されます。

したがって初期律令国家の基礎を築いた天智・天武・持統・不比等らは百済系継体王統＋加羅系であり、昆支↓欽明↓蘇我王朝三代は百済系昆支王統と名付けることができます。「記紀」は百済系継体系王統によって作られていますので、当然、百済系昆支王統は差別・排除・隠滅されます。欽明が祀った自分の父昆支の霊＝八幡神を「記紀」がまったく取り上げなかったのも、そのことを示しています。

また伊勢神宮の内宮にアマテラス、外宮には豊受大神《とようけのおおかみ》（食物神、主神に仕える神）が祀られていますが、実は外宮には昆支の霊も祀られています。外宮が食物神であることからアマテラスに従属する国家神＝昆支の霊であることを示しています。

アマテラスは加羅系渡来集団が祀った崇神の霊＝アマテル神に百済系継体王統の神が合体した神なので、百済系昆支王統の八幡神より新しい神であり、また古い神でもあるのです。つまり国家神は王朝の交代とともにアマテル↓八幡神↓アマテラスに変貌したのです。

第Ⅲ章　アマテラスの正体

——伊勢神宮はいつつくられたか

林順治、書泉グランデ・トークショー
二〇一四年六月一七日、一八：三〇開場、一九：〇〇開演、二〇：三〇終演
書泉グランデ七階イベントスペース

Check Point

〈講義のポイント〉

- □ フロイトの「心的外傷の二重性理論」で考えてみる
- □ ワカタケル大王の正体は？
- □ 隠された 531 年のクーデター
- □ 蘇我系王朝を差別・除外している日本古代史
- □ アマテル→八幡神→アマテラス
- □ 伊勢神宮の内宮、外宮が物語るものお集まりの皆様、こんばんは。ただいま彩流社の春日俊一さんからご紹介にあずかりました林順治と申します。彩流社さんは私の最初の本『馬子の墓』（二〇〇〇年）以来、お世話になっています。

またこの場を与えてくださった書泉グランデさんは三一書房に入社した頃からのお付き合いになりますので、かれこれ四〇年になります。多くの出版社や書店があつまる神田神保町の中でも老舗として知られている書泉グランデさんでお話しできることを誇りに思い、かつ責任を感じている次第です。

ところで私はもともと雑談や議論は好きですが、六〇歳の頃から次第に耳の聞こえがわるくなり、多くの人のなかでの会話が苦手になったので、少々緊張しています。しかもアマテラスというやっかいなテーマなので話を一時間以内でおさめることができるかどうか心配しています。

アマテラスがなぜ厄介かと言いますと、アマテラスは戦争や天皇と関係しているからです。また、日本国家の起源＝天皇の歴史であるからかもしれません。私が七〇〇頁の『ヒロシマ』を脱稿したあとに、無性に伊勢志摩方面に旅行をしたい気持ちになったのもそうですが、戦後、坂口安吾が飛鳥方面の優れた旅行記を残していることや、小林秀雄が蘇我馬子墓、石舞台古墳の上で瞑想にふけったのは戦後間もない頃です。『アマテラス誕生』を執筆したのも、たしか『ヒロシマ』（七〇〇頁）の後だったような気がします。『ヒロシマ』のサブタイトルは「進歩と殺戮の20世紀」、帯のキャッチフレーズは「アウシュヴィッツからヒロシマまで、ヒトラーから昭和天皇ヒロヒトまで」となっていますから……。

このように話しだすと寄り道してしまい、元に戻れなくなる恐れがありますので、用意してきた原稿をもとに四〇分ぐらいお話ししてから、皆さんのご意見を伺いたいと思います。

1　三つの仮説、石渡説・井原説・フロイト説

さて、テーマが『アマテラスの正体』の出版記念講演ということなので、ここではアマテラスに焦点を絞ってお話ししたいと思います。

ところで『アマテラスの正体』の「まえがき」にもありますが、この本は三つの説（仮

説）の助けを借りて書いています。もちろん基本的な資料は『古事記』と『日本書紀』（以下「記紀」）です。

一つは「日本古代国家は朝鮮半島からの新旧二つの加羅系と百済系の渡来集団によって建国された」という石渡信一郎氏の説です。この説は「記紀」にもとづく従来の日本国家の起源＝天皇の歴史と一八〇度異なります。さしあたりA説と言います。

二つは井原教弼《みちすけ》という工学畑の在野の研究者で「古代王権の歴史改作のシステム」という論文で明らかにした「干支一運六〇年の天皇紀」という説です。この論文で井原氏は「第七代孝霊天皇から第一六代応神天皇までの一〇代六〇〇〇年は、辛未に始まり庚午に終わる六〇年の万年ごよみを並べたものであったろう」と指摘しています。『アマテラスの正体』の第二章に詳しく書きましたのでご覧ください。

井原説は一九八五年に大和書房の季刊誌『東アジアの古代文化』に発表されました。B説とします。

三つはフロイトが最晩年の著作『モーセと一神教』で明らかにした「心的外傷の二重性理論」ですが、少々ややこしいので、後で説明します。C説とします。この三つの説が『アマテラスの正体』の構成を支えています。

ところでA説の石渡説は一九九〇年に出版された『応神陵の被葬者はだれか』に詳細に書かれています。この本は一〇年後に増補改訂新版として書名を変え『百済から渡来した応神天皇』として出版されました。

石渡氏が『応神陵の被葬者はだれか』の元の原稿にあたるものを私家版でだしたのが『日本古代王朝の成立と百済』です。『応神陵の被葬者はだれか』より約二年早く石渡氏がまだ札幌に住んでいた頃に発行されました。

実は、私は『日本古代王朝の成立と百済』の原稿を石渡氏から預かったときは、さっぱり内容が理解できずに自宅の書棚に差し込んでいたのです。ある日、幼少年時代によく遊んだ郷里の八幡神社のことが気になり原稿をめくっていくと、原稿用紙の後半で偶然目についた「昆支の神格化、八幡神」という見出しのところを読んで、昆支が百済蓋鹵王の弟であることや「記紀」の応神天皇と同一人物であることを知りました。そのことから一挙に石渡説の全体がわかるようになったのです。

当時、一九八七年頃ですが、カソリックとプロテスタントによる新共同訳の聖書が出版されました。活字が大きく読みやすくなったので、モーセ五書から旧約・新約全編を通して一年で二回ほど繰り返し読みました。

と言うのも、二〇歳前後に読んだサルトルやハイデカーやロシア文学やアメリカ文学の知識では編集者としてやっていけないので、宗教心からというよりもっと視野を広げようとした時期と重なっていたからでしょう。

さて多少異質なフロイトのC説を説明しておきます。フロイトの『モーセと一神教』はヒトラーがオーストリアに侵攻する二年前の一九三七年頃から書き始められ、ロンドン亡命後に完成します。この本のテーマは端的に言えば「モーセはエジプト人であった」という説です。この点、「応神陵の被葬者は百済の王子昆支であった」という石渡説に似ています。日本全国津々浦々に祀られている応神天皇が日本人ではなく朝鮮人であるというのですから、むしろ石渡説のほうが生々しく衝撃的です。

フロイトの『モーセと一神教』（渡辺哲夫訳、筑摩文庫、二〇〇三年）は「モーセを語る人はフロイトを語らず、フロイトを語る人はモーセを語らず」であったため、長い間、心理学、歴史学の研究分野でもあまり注目されませんでした。とくに日本人にとって『聖書』の「旧約」はあまり馴染みがなく、それも紀元前一五〇〇年の話です。

このフロイトのモーセ＝エジプト人説の話をすると、アメンホテプ四世の太陽信仰やモーセがアメンホテプ四世の高官であったことなど、話が長くなりますので省略します。

ちなみにモーセの出エジプトは第一九王朝のラムセス二世（在位紀元前一二九〇―紀元前一二二四）頃ではないかと推定されていますが、たしかなことはわかっていません。モーセとイスラエル人《びと》がエジプトを出発してから「乳と蜜の流れる地カナン」に入るまで四〇年荒野をさまよった、とされています。

しかしながらユダヤ人の預言者にして救世主のモーセがユダヤ人ではないということになると、ユダヤ教を土台とするキリスト教やイスラム教、ギリシャ哲学、ヨーロッパの歴史観を根底から揺るがす大事件です。ロンドン亡命後、フロイトはユダヤ人協会から協会の会長になるよう懇願されますが、やんわりとことわっています。フロイトは第二次世界大戦勃発の一年前の一九三九年に亡くなっています。私が生まれる一年前です。

ユダヤ教やユダヤ人のわかりやすい参考書として内田樹《たつる》氏の文春新書の『私家版・ユダヤ人文化論』をお勧めします。内田樹氏は私よりちょうど一〇歳若いいわゆる全共闘世代に属しますが、いまや第一級の知識人です。

私は氏の本を現在までほとんど読んでいますが、最初の出会いは『漱石の時代』を書き始めた頃、二〇〇三年前後です。そのときの書名は忘れましたが、『レヴィナス愛の現象学』か『「おじさん」的思考』のいずれかだと思います。

その「あとがき」か、何かで内田氏が漱石のまとまったものを書くと言っていたことや、プラトンの『饗宴』のことについて述べていることを、池袋芳林堂書店が店じまいをすることと一緒に記憶しています。

『漱石の時代』は二〇〇四年の四月に出版しました。その「あとがき」の最後の部分を読んでみます。

一つの書店が閉店することと、書店の文庫・新書の売り場で働いていた一七、八歳の女の子と妖精と知がどのような結びつきがあって、私をかくもセンチメンタルにするのでしょうか。知の黄昏、知の危機、知の誕生……。

するとふとかつて読んだことのある巫女ヂオチマがソクラテスに教えたという次のようなプラトンの『饗宴』の言葉を思いだしました。「知は、最も美しいものの一つである。しかもエロースは美しいものに対する恋です。したがって、エロースは必然的に知を愛する者であるが故に、必然的に、知ある者と無知なる者との中間にあるものです」

内田氏はタルムード（モーセの律法）の研究者でリトアニア生まれのユダヤ人哲学者エマヌエル・レヴィナスに学んでいますが、そのレヴィナスはフッサールやハイデカーに学んでいます。ちなみにレヴィナスは父・兄弟・親族をナチスによって殺害されています。内田氏が『私家版・ユダヤ人文化論』の終章で、サルトルとレヴィナスとフロイトの相違と類似をわかりやすく説明しているところは圧巻です。是非お読みください。

2　フロイトの心的外傷の二重性理論

さて、フロイトは『モーセと一神教』で次のように語っています。

> 二つの民族集団の合体と崩壊。すなわち最初の宗教は別の後の宗教に駆逐されながら、後に最初の宗教が姿を現し勝利を得る。すなわち民族の一方の構成部分が心的外傷の原因と認められる体験をしているのに、他の構成部分はこの体験に与《あずか》らなかったという事実の必然的結果である。

私流に解釈するならば、これがフロイトの「心的外傷の二重性理論」です。私はこのフロイトの「最初の宗教は別の後の宗教に駆逐されながら、後に最初の宗教が姿を現し勝利を得る」という説を、石渡説の「朝鮮半島から渡来した新旧二つの渡来集団による古代日本国家の成立」に適用しています。

新旧のうちの旧の最初に渡来した加羅系渡来集団が倭国に渡来した時には、倭国（先住民）がどのような神と宗教をもっていたのかは、ここでは問いません。Xとしておきます。言えることは日本古代国家を成立させた旧の最初の加羅系渡来集団は崇神の霊（日神）のアマテル神を祀り、後から来た新の百済系渡来集団は応神＝昆支の霊（日神）の八幡神を祀り、六四五年の乙巳《いっし》のクーデター（いわゆる大化の改新）以降はX＋アマテル神（加羅系）＋八幡神（百済系）、すなわち継体系百済王朝の日神アマテラスが祀られるようになったと考えられることです。

フロイトは「心的外傷」を、また次のように言い換えています。

心的外傷のすべては五歳までの早期幼年時代に体験される。その体験は通常完全に忘れ去られているが、心的外傷→防衛→潜伏→神経症発生の経過をたどる。人類の生活でも性的・攻撃的な内容の出来事がまず起こり、それは永続的な結果を残すことになったが、とりあえず防衛され忘却され、長い潜伏期間を通してのち、発生すなわち出現する。

晩年のフロイトはそれまでの神経症研究の集大成として、神経症状に似た結果こそ宗教という現象にほかならないという仮説を立てます。確かに難解な説ですが、私自身、神経症にかかったことがありますので、石渡説と合わせると私にとってはよく理解できる説です。この私自身の体験を『天皇象徴の日本と〈私〉１９４０―２００９』に書いていますので、興味のある方はご覧ください。

誤解を招くかもしれませんが、私は漱石の最初の作品『我輩は猫である』や『坊っちゃん』や『道草』、トルストイの『幼年時代の思い出』を読んで二人は神経症を経験した作家であろうとみています。ヒトラーの『わが闘争』からも彼が一五、六歳頃に神経症を発症したと考えています。実際、ヒトラーと同時代人のトーマス・マンは、ヒトラーを「神経症患者」と断じています。

それではこれら石渡説、井原説、フロイト説を合わせると、具体的にはアマテラスの何がわかるでしょうか。アマテラスに関連した例を幾つか上げますと、伊勢神宮の内宮と外宮、石上神宮の七支刀銘文、「記紀」神話の天孫降臨の司令神アマテラスとタカミムスヒの関係などです。

3　溝口睦子の『アマテラスの誕生』

ここでは直近の事例として、溝口睦子著の岩波新書『アマテラスの誕生』（二〇〇九）をとりあげます。この本はベストセラーとなり、拙著『アマテラスの正体』（二〇一四）執筆の動機となっています。ちなみに私は『ヒロシマ』のあとに『アマテラス誕生』（二〇〇六）を書きましたが序章を書くつもりが、一冊の本に膨らんでしまったのです。

溝口睦子氏はタカミムスヒを渡来神とし、アマテラスを縄文弥生からの古い日本の神としています。溝口氏はアマテラスがタカミムスヒを排除するようになったのはいつ頃からかと問題提起をしています。

ところで溝口氏の渡来神＝タカミムスヒ説は、戦後間もない昭和二三年の石田英一郎・岡正雄・護《もり》雅夫・江上波夫たちによる対談集『日本民族の起源』で発表した「四世紀から五世紀にかけて北東アジアの歴史のうねりのなかで誕生した太陽神（日神）＝皇祖神＝国家神である」という考察を援用したもので、溝口氏の独自なものではありません。その後、江上波夫は中公新書『騎馬民族征服王朝説』（一九六七）を出版して一大旋風を巻き起こしています。

先にも述べましたが、フロイトは「最初の宗教は別の後の宗教に駆逐されながら、後に最初の宗教が姿を現し勝利を得る」と言っています。すると、溝口氏のいうアマテラス（縄文弥生の日本の神）は、フロイトの言う「最初の宗教」（私の言うX）にあたり、タカミムスヒはフロイトの「別の後の宗教」にあたります。しかしフロイトと溝口氏が言っていることは似ているようですが、まったく似ていません。

溝口氏は「アマテラス＝古い神すなわち最初の神が、タカミムスヒ＝渡来神すなわち別の後の神を排除＝駆逐した」としていますが、フロイトの先の言葉を溝口氏のアマテラスにあてはめると、「古い神、最初の神＝アマテラスは、渡来の神、別の後の神＝タカミムスヒ（渡来神）に駆逐されながら、後に姿を現してアマテラスが勝利する」ということになります。ちなみに溝口氏の考察にはタカミムスヒ（渡来神）の先住民（X神）の概念が除外されています。

溝口氏の言っていることは「先に坐っていた者が後からきた者に私の席に坐ってはいけないと言って自分のいる席に坐らせなかった」（アマテラス→渡来神（タカミムスヒ）→アマテラス）ことと同じで何ら融合・変化・成長がありません。

フロイトは「最初のモノが後のモノに駆逐されるが、最初のモノが後に現れて勝利すると言っている」のですから、溝口氏が言っていることと、フロイトが言っていることは、一八〇度違うと言っても過言ではありません。というのは最初のモノは後に現われたモノと融合しますが同じものではないからです。

つまりアマテラスの正体は新旧二つの渡来集団による二重の権力構造を認識しなければ解けない仕組みになっているのです。この後にもう一度、この問題を史実の面から取り上げます。

4 「記紀」のアマテラスとタカミムスヒ

溝口氏の『アマテラスの誕生』が高く評価されているのは、タカミムスヒ（『古事記』は高御産巣日神、『日本書紀』は高皇産霊尊）という神を「記紀」神話からスクープして、アマテラスと同格のパワーを持つ神として位置付けたことです。

そもそもタカミムスヒは「記紀」神話の冒頭にアマノミナカヌシ・カミムスヒと一緒に登場する三柱の神の一柱です。タカミムスヒを二代とすると、アマテラスは七代のイザナキとイザナミの子です。このあたりのことは、むしろ国文学の分野に入り、神野志隆光の『古事記と日本書紀』（講談社学術文庫）が参考になります。

しかし溝口氏の『アマテラスの誕生』からはこの「記紀」の冒頭に登場するタカミムスヒと天岩戸や国譲りや天孫降臨に登場するタカミムスヒとのつながりについては説明されていません。溝口氏はこのタカミムスヒを四〜五世紀の北東アジアに出自をもつ渡来神と位置づけています。

実は『古事記』は物語が一本のストーリーとしてまとまっていますが、『日本書紀』は各段に正文と一書（異伝）があり、多いものでは一つの正文に対して一〇以上の異伝があります。天孫降臨の場面では一つの正文に対して八つの異伝があります。『古事記』ではアマテラスとタカミムスヒが一緒にアマテラスの孫ホノニニギを降臨させますが、『日本書紀』正文ではタカミムスヒが司令神となってホノニニギを真床追衾《まとこおうふすま》で包んで降臨させます。二神を「司令神」と名付けたのは溝口氏が最初ではないかと思います。斬新な言葉です。

ところがこの『日本書紀』正文に対して第一の異伝ではアマテラスが司令神となって玉・八咫鏡・草薙の剣の「三種の神器」を授け、中臣祖アマノコヤネら五神を随伴させた上、「天壌無窮の神勅」をホノニニギに与えて降臨させます。

この第一の異伝の「アマテラスの神勅」は、皆様もご存知の明治二二年（一八八九）の大日本帝国憲法の告文「天壌無窮」ならびに「神ノ宝祚ノ承継」、そして第一条の「大日本帝国ハ万世一系ノ天皇之ヲ統治ス」に受け継がれています。

なぜ、伊藤博文ら維新政府が正文でなく第一異伝を選択したかは興味ある研究テーマだと思います。しかし「記紀」神話をつくらせたのは律令国家最大の実力者藤原不比等ですから、中臣氏の末裔にあたる藤原氏が異伝一を挿入させるのに決定的な影響力を行使したのは言うまでもありません。

5　倭王武＝雄略天皇、雄略天皇＝ワカタケル大王？

溝口氏の『アマテラスの誕生』を「記紀」神話から取り上げましたが、今度は歴史的観点からお話しします。現中国吉林省集安市を流れる鴨緑江右岸に、広開土王碑（四一四年建立、碑の高さ六・三二メートル）があります。好太王碑とも言います。

好太王碑のある集安市は二〇〇四年に「古代高句麗王国の首都と古墳群」としてユネスコの世界文化遺産に指定されています。一帯には大王墓を中心に七〇〇〇基の積石塚があると言われています。

好太王碑の四つの石面には一七七五文字が刻まれています。溝口氏はこの碑文に刻まれている倭と高句麗の関係について次のように書いています。

百済の支配層は高句麗と同じ夫余《ふよ》族を出自としている。百済は高句麗の侵略に対して倭国に軍事的支援を求めた。このことは石上神宮に保存されている泰和四年（三六九）の七支刀銘文からも明らかである。

このような状況下（高句麗×百済・倭国）で倭と高句麗は互いに相手を主敵として強く意識しあっていたことが、同時代の史料によって明らかである。それは好太王碑碑文と、倭王武、すなわち雄略天皇が宋の皇帝に出した上表文である。

問題は最後の一行「倭王武、すなわち雄略天皇が宋の皇帝に出した上表文である」の「倭王武、すなわち雄略天皇」という箇所です。なぜ問題かと言いますと、倭王武＝雄略天皇ではないからです。

そもそも倭王武の上表文というのは『宋書』巻九七・夷蕃伝の東夷・倭国の条に書かれた記事で、通称『宋書』倭国伝といいます。倭の五王「讃・珍・済・興・武」の四二一年の讃から四七八年の倭王武までの五六四の文字からなる記事です。倭王武が宋の順帝に使者を派遣して高句麗戦に備えて支援を求める内容の上表文が全体の半分以上を占めています。

ちなみに倭王武が上表文を宋の順帝に出した四七八年は、中国では南朝の宋と北朝の北魏と真っ二つに分かれて対立して間もない頃です。『宋書』倭国伝といっても、倭国は

「東夷」、つまり中国の東辺諸国、高句麗・新羅・百済、その他の諸国の中の一つです。倭国だけについて書かれているわけではありません。

ワールドカップの報道をみてもわかるように日本人は「自己中」に考える悪い癖があります。アマテラスにしてもそうです。上田秋成はアマテラスは日本だけを照らすのかといって、本居宣長と論争しています。

たしかに『日本書紀』では「雄略天皇」の在位は四五六年から四七九年で、和風諡号が「オオハツセワカタケル」となっています。この二つの理由から、日本の古代史では、倭王武＝雄略天皇、雄略天皇＝ワカタケル大王（稲荷山鉄剣銘文）、稲荷山鉄剣銘文の「辛亥年」＝四七一年となっています。辛亥年が五三一年の可能性が十分すぎるほどあるにもかかわらず、です。

私が一昨年出版した『古代日本の金石文』の「あとがき」で古代史学界の長老上田正昭氏を批判したように、中学・高校の文部省検定日本史教科書にもそのように書かれています。中学・高校の日本史教科書がそうなっているからといって、長老の上田正昭氏を批判するのはお門違いですが、氏が一昨年の暮れに出版した『私の古代史』ではっきり倭王武＝雄略天皇、雄略天皇＝ワカタケル大王（稲荷山鉄剣銘文）、稲荷山鉄剣銘文の「辛亥年」

＝四七一年であると明言しています。ということは溝口睦子氏の倭武＝雄略説も「記紀」依存の古代史学界の通説によっていることがわかります。

6　倭の五王「讃・珍・済・興・武」と古田武彦の九州王朝説？

さらに溝口氏は次のように書いています。

倭王武は亡父済の時代から、日本は高句麗打倒を目標としてきたことを述べている。「済」とはいわゆる「倭の五王」の三番目の王で、『宋書』文帝紀の四四三年に入朝の記録があるが、天皇の系譜でいえば允恭天皇である。

ここでいきなり、『宋書』倭国伝に記載されている倭の五王「讃・珍・済・興・武」の「済」の名前が登場します。その「済」が仁徳から履中・反正・允恭・安康・雄略・清寧・顕宗・仁賢・武烈までの不在天皇一〇人のなかの「允恭」だというのです。

たしかに『日本書紀』では允恭の在位年代は四一二年から四五三年です。このように、倭の五王を「記紀」記載の一〇人の天皇の誰かにあてはめる手法は江戸前期の儒学者松下見林以来繰り返して行われてきていますが、まったくと言っていいほどあてになりません。なぜなら仁徳から武烈までの一〇人の天皇は『日本書紀』が創作した架空の天皇の可能性が高いからです。

もし仮に倭の五王「讃・珍・済・興・武」の実在が本当であれば、ほぼ年代が重なる先の一〇人の天皇が実在するわけがありません。また逆に「記紀」記載の天皇が実在するならば、崇神・垂仁と倭の五王「讃・珍・済・興・武」はいなかったことになります。これは虚構の類です。子どもでもわかることです。

しかし『「邪馬台国」はなかった』の著者古田武彦氏は倭の五王は九州王朝の王だとしています。古田武彦の九州王朝説は多くの古田信奉者を生み、現在でも九州王朝説にもとづく本が少なからず出版されています。

実は三一新書『天皇陵を発掘せよ！』を古田氏の賛同を得て、私の企画・編集担当で出版したことがあります。よく売れたので続編も出しました。ご存知のように天皇陵は原則立ち入ることはもちろん発掘調査は厳禁です。

平成一九年（二〇〇七）大阪府・堺市・羽曳野市・藤井寺市が百舌鳥古墳群と古市古墳群を世界文化遺産の候補として文化庁に申請しています。堺市の大山《だいせん》古墳（伝仁徳陵）を中心とする百舌鳥古墳群と羽曳野市の誉田《ほむた》陵（伝応神陵）を中心とする古市古墳群には天皇陵を含め、合わせて一四〇基の古墳（陵）が現存していますが、天皇陵の占める面積は八〇％を超えています。

そのたったの一基も考古学調査による科学的メスをいれていない状況のなかで、世界文化遺産に登録されると思いますか？　ましてや天皇の起源＝日本の歴史です。世界の常識はそんな甘いものではないと私は思います。

したがって、私は「三一の編集者ならこんな企画を立てるべきだ」と、当時、『天皇陵を発掘せよ』の企画に賛同してくれた古田氏を正義感に満ちた情熱の人として尊敬していました。事実、古田氏は日本古代史解明に多くの業績を残しましたが、倭の五王を九州王朝とする説は間違いです。

当時、東京大学助教授の武田幸雄氏は「平西将軍を示す西の方位は、倭国王の都大和を基点とするもので、それゆえ、倭国の都が北九州にあったという新説（古田説）は成り立たない」と批判しています。詳しくは『朝鮮学報』（七七号、一九七四）か、拙著『応神＝

ヤマトタケルは朝鮮人だった』（河出書房新社、二〇〇九）の七五頁をご覧ください。

7　邪馬台国の女王卑弥呼＝神功皇后？

ここで倭の五王の話を石上神宮の七支刀と関連づければ、倭の五王のことがもう少し具体的にわかると思います。七支刀が泰和四年（三六九）に百済王第一三代近肖古王（在位三四六—七五）の太子奇生聖音（第一四代近仇首王、在位三七五—八四）から倭王旨に贈られたのは本当です。しかし、古代史学界の長老上田正昭氏は倭王旨が誰であるかは明らかにしていません。「記紀」に依存しているかぎり、「していない」のではなく「できない」のです。

なぜなら倭王旨が七支刀を贈られた三六九年という年は『日本書紀』記載の仁徳天皇の在位が三一三年から三九九年というとてつもない、長い八六年間にスッポリ入るにもかかわらず、「旨」なる王や七支刀の話はみじんも書かれていないからです。

もし七支刀が百済から贈呈された話が仁徳紀の三六九年（仁徳五七、干支は己巳《つちのとみ》の年）にあれば、史実として認めることができ、『日本書紀』に対する信頼は絶大なものになったことでしょう。しかしやっかいなことに七支刀の話は、『日本書紀』神功皇后五二年（二五二）九月条に次のように書かれています。

五二年秋九月久氏《くて》（百済の高官）等が、千熊長彦に従って来朝した。その時に七枝刀《ななつさやのたち》一振・七子鏡一面をはじめ種々の重宝を献上した。

結論から言います。「記紀」編纂者は邪馬台国の女王卑弥呼を神功皇后に見せかけようとしたのです。しかし、「記紀」編纂者は卑弥呼＝神功皇后とは言っていません。そうとられるように見せかけたのです。先の泰和四年（三六九）を干支二運（六〇年×二運＝一二〇年）繰りあげれば神功皇后四九年（二四九年の干支は己巳《つちのとみ》）にぴったり重なるからです。

史実が確かな場合に多いのですが、『日本書紀』編纂者は実在の天皇（本体）の史実を細切れにして架空の天皇（分身、虚像）の事績として挿入する方法を用います。井原氏の研究が天才的であったのは、このように『日本書紀』編纂者が「干支一運六〇年の天皇紀」によって「歴史改作のシステム」を行っていたことを発見したからです。

『日本書紀』記載の古代歴代天皇の在位期間と漢風・和風諡号《しごう》（第44代まで）

代	名	在位期間	和風諡号
1	神武	B.C.660~B.C.585	カムヤマトイハレヒコ
2	綏靖	B.C.581~B.C.549	カムヌナカハミミ
3	安寧	B.C.549~B.C.511	シキツヒコタマテミ
4	懿徳	B.C.510~B.C.477	オホヤマトネコヒコフトニ
5	孝昭	B.C.475~B.C.393	ミマツヒコカヱシネ
6	孝安	B.C.392~B.C.291	ヤマトタラシヒコクニオシヒト
7	孝霊	B.C.290~B.C.213	オホヤマトネコヒコフトニ
8	孝元	B.C.212~B.C.158	オホヤマトネコヒコクニクル
9	開化	B.C.158~B.C.98	ワカヤマトネコヒコオホヒヒ
10	崇神	B.C.97~B.C.30	ミマキイリヒコイニヱ
11	垂仁	B.C.29～70	イクメイリヒコイサチ
12	景行	71～130	オホタラシヒコオシロワケ
13	成務	131～190	ワカタラシヒコ
14	仲哀	192～200	タラシナカツヒコ
	（神功）		オキナガタラシヒメ
15	応神	270～310	ホムタ
16	仁徳	313～399	オホサザキ
17	履中	400～405	イザホワケ
18	反正	406～410	ミヅハワケ
19	允恭	412～453	ヲアサヅマワクゴノスクネ
20	安康	453～456	アナホ
21	雄略	456～479	オホハツセノワカタケ
22	清寧	480～484	シラカノタケヒロクニオシワカヤマトネコ
23	顕宗	485～487	ヲケ
24	仁賢	488～498	オケ
25	武烈	498～506	ヲハツセノワカサザキ
26	継体	507～531	ヲホト
27	安閑	534～535	ヒロクニオシタケカナヒ
28	宣化	535～539	タケヲヒロクニオシタテ
29	欽明	539～571	アメクニオシハラキヒロニハ
30	敏達	572～585	ヌナクラノフトタマシキ
31	用明	585～587	タチバナノトヨヒ
32	崇峻	587～592	ハツセベ
33	推古	592～628	トヨミケカシキヤヒメ
34	舒明	629～641	オキナガタラシヒヒロヌカ
35	皇極	642～645	アメトヨタカライカシヒタラシヒメ
36	孝徳	645～654	アメヨロズトヨヒ
37	斉明	655～661	アメトヨタカライカシヒタラシヒメ
38	天智	668～671	アメミコトヒラカスワケ
39	弘文	671～672	
40	天武	673～686	アマノヌナハラオキノマヒト
41	持統	686～697	オホヤマトネコアメノヒロノヒメ
42	文武	697～707	ヤマトネコトヨオホチ
43	元明	707～715	ヤマトネコアマツミシロトヨクニナリヒメ
44	元正	715～724	ヤマトネコタカミヅキヨタラシヒメ

この七支刀銘文からはっきりわかることは、「三六九年に百済王の太子が七支刀を倭王旨に贈った」ことと「二三八年から二四八年にかけて邪馬台国の女王卑弥呼がいた」ということです。

もちろん「記紀」編纂者は邪馬台国を滅ぼして纏向に都を造った加羅系渡来集団や、邪馬台国の卑弥呼が二三九年魏に使者を送ったこと、卑弥呼が二四〇年に魏から銅鏡一〇〇枚をもらったことを知っていたからこそ架空の神功皇后を創作することができたのです。

8　倭王旨＝崇神天皇の墓は箸墓古墳です

石渡信一郎氏は二〇一〇年に出版した『倭の五王の秘密』(『新訂倭の五王の秘密』)で七支刀の倭王旨《ミマキイリビコ》＝崇神天皇の在位年代を三四二年から三七九年とし、次の垂仁《イクメイリヒコ》の在位年代を三八〇年から四〇九年と特定しています。

『倭の五王の秘密』(信愛書房)は、石渡氏が三一書房で最後に出版した『百済から渡来した応神天皇』(『応神陵の被葬者はだれか』の増補新版)から一〇年目の本ですが、この間、石渡氏は井原教弼氏の「干支一運六〇年の天皇紀」すなわち「古代王権の歴史改作のシステム」をより精密に窮めたのです。

加羅系渡来集団の始祖王旨＝ミマキイリビコこと崇神は、三輪山の西山麓纏向《まきむく》の箸墓古墳に埋葬されました。箸墓古墳は生前に造られる寿墓ですから、崇神が亡くなる一〇年前から築造にとりかかっているので、その築造実年代は三七〇年前後と推定されます。

数理文献学を得意とする安本美典氏は、九州王朝説を提唱する古田氏と同様、古代史解明に独自の貢献をしていますが、箸墓古墳＝アマテラス＝卑弥呼の墓としています。また、昨今、箸墓古墳が卑弥呼の墓とされ、現在、発掘中の纏向遺跡が邪馬台国の遺跡という新聞記事が断続的に報道されていますが、先の『日本書紀』編纂者の神功皇后＝卑弥呼の作為にまんまとはめられているのです。

9　ワカタケル大王（欽明）による辛亥＝五三一年のクーデター

先に述べましたが、旧の加羅系崇神王朝の始祖王崇神の霊（日神）はアマテル神（アマテラスではありません）として三輪山に祀られるようになったのです。そのアマテル神が八幡神に代わり、その八幡神が六四五年の乙巳《いっし》のクーデター（いわゆる大化の改新）以降アマテラスに交替しました。アマテル神→八幡神→アマテラス神の順番になります。

溝口睦子氏の『アマテラスの誕生』が問題なのは、従来の「記紀」依存の古代史の通説、雄略＝ワカタケル大王、辛亥年＝四七一年としているため、昆支晩年の子欽明＝ワカタケル大王による古代最大のクーデターである「辛亥（五三一）の変」がスッポリ抜け落ちていることです。

ところで『日本書紀』継体二五年（五三一年、辛亥年）二月条に実に奇妙な記事があります。この年に継体天皇が死去しますが、その最後に「ある本によると継体天皇は二八年（五三四）に死去したとあるが、百済本記によると天皇は二五年に亡くなったと書かれている。それによると、日本の天皇と太子・皇子はともに亡くなったとあるので、天皇は二五年に亡くなったことにする。後の人が調べて明らかにするだろう」と書かれています。

この箇所は、長い間、研究者・学者に論争されてきてはいますが、現在では曖昧のまま放置されています。詳しくは『古代七つの金石文』をご覧ください。

結論を言いますと、昆支晩年の子欽明＝ワカタケル大王が、継体天皇の死去の前後に継体の子安閑・宣化を殺害し、継体王統から王位継承権を奪った事件が五三一年の辛亥のクーデターです。

その辛亥のクーデターが隠蔽された日本古代史は致命的欠陥を持っていると言わなければなりません。ワカタケル大王の子蘇我馬子を祖とする蘇我王朝三代（馬子・蝦夷・入鹿）が差別・除外された本当の歴史を知ることができないからです。

馬子・蝦夷・入鹿は大王であったにもかかわらず、大臣に格下げされ、馬子・蝦夷・入鹿という差別的な蔑称名をつけられました。大王馬子・蝦夷・入鹿の代わりに用明・推古・舒明・皇極天皇が即位したことにし、仏教王聖徳大王＝馬子の代わりに聖徳太子を創ったのです。神の交替は、血で血を洗う権力の交替の史実を背景にして考えなければその正体を明らかにすることができないのです。

溝口氏につらく当たったようですが、溝口氏がよくないのではありません。日本の古代史は千年余の間、深く根を張り、幹は巨大で太くなったが、時を経過するにしたがって枝葉が少なくなったためか、あるいは栄養分を吸い上げる力がなくなったためかわかりませんが、中は真っ暗な空洞になってしまったのです。

10　伊勢神宮の内宮は外宮とどこが異なっているのか

伊勢神宮の内宮（皇大神宮）と外宮《げくう》（豊受大神）の話をして、私の話をひとまず終わりとします。「記紀」編纂者による蘇我王朝の差別・排除・隠蔽工作は、伊勢神宮の内宮と外宮に現れています。外宮の主神豊受大神（豊宇気毘売）は『古事記』に登場しますが、『日本書紀』には登場しません。

こんな風に私は知ったかぶりにお話ししていますが、内宮と外宮の区別ができたのは、本を書き始めてからです。三一書房に入社した頃は東海地方の営業を担当していましたので伊勢市の古川書店に年に二回ほど訪問していました。

その繁華街の古川書店から歩いて五分のところの外宮を内宮（アマテラス）だと思っていました。その外宮にぶらりと行ったことはありますが、案内板をよく見ていなかったのでしょう。見ても関心がないから、意味をよく理解できなかったのかもしれません。内宮へ行くためには伊勢市駅から南五キロほど奥の宇治山田駅で下車するのです。

『古事記』によればイザナミは火の神カグツチを生んだために病の床に臥します。病の床に臥したイザナミの反吐《へど》・大便・小便からそれぞれの神が誕生します。小便から生まれた神が水の霊ミツハノメノカミ（弥都派能売神）とワクムスヒノカミ（和久産日神）です。

このワクムスヒノカミの子が食物を司《つかさど》るトヨウケビメカミ（豊受大神）です。言って見れば外宮の豊受大神はアマテラスのための食糧を生産し、供給する神です。御食津神《みけつかみ》とも言われ、食物を司る神です。

神とはいっても、今風に言えば、結婚して、子どもを生んで、延々と子育てと家事に専念しなければならない、「家《うち》のカミさん」、イヴァン・イリイッチ（一九一六―二〇〇二。オーストリアの哲学者・社会評論家）の「シャドウワーク」をこなす家庭の主婦です。

持統天皇は六九〇年にアマテラスを皇祖神＝聖母神として多気《たき》神宮（三重県多気郡明和町大字斎宮。内宮の北二キロ、近鉄山田線斎宮駅下車）に祀りましたが、アマテラスと素戔《すさの》嗚《お》の子五十猛《いたける》（応神、昆支＝倭武）を祀ることにし、六九二年に伊勢の渡会《わたらい》の山田原に建国神イタケルのための外宮を建立します。

このイタケルは『日本書紀』神代上第八段の第四と第五の異伝に登場するスサノオの子ですが、韓国《からくに》にわたり、それから紀伊国にわたって植林をした神とされています。

出雲（根の国）に関係するスサノオ、オオクニヌシ、オオモノヌシ、オオアナムチ、そしてイタケルなどは、『古事記』や『日本書紀』異伝によっては子であったり五世孫であったりしますが、これら神はすべて同一神であり、昆支（倭王武）の霊です。

イタケルの「イ」は「大」を意味し、「タケル」は「倭武」の「武《タケル》」すなわち百済系倭王朝の祖応神天皇＝昆支を意味しています。したがって伊勢神宮の外宮にはイタケル＝昆支の霊が祀られているのです。

武澤秀一氏の『伊勢神宮と天皇の謎』（文春新書）によれば、鎌倉後期の一二九六年（永仁四）北条貞時が執権のときに、内宮と外宮の関係を象徴する事件が起きています。両宮の禰宜《ねぎ》（神主）が連名で朝廷に出す文書に、外宮側が「豊受皇大神宮」と署名したからです。

それまで外宮は「豊受大神宮」と名乗っていましたが、この時、内宮と同じ「皇」の字を入れたのです。「皇」の字を入れることは、外宮が祀る神を内宮が祀るアマテラスとならぶ皇祖とすることを意味しています。

この外宮と内宮の諍《いさか》いは後にまで延々と続くことになりますが、そもそも外宮（豊受大神命）＝建国神イタケル＝百済系倭王朝の昆支の霊ですから起こるべくして起こった諍《いさか》いと言えます。

実は、『アマテラスの正体』の再校正紙ができる少し前に、ＪＲ大阪駅・奈良駅間を走る大和路通勤快速が停車する郡山駅に近い売太《めた》神社という一風変わった名の神社に行ってきました。稗田阿礼《ひえだあれ》を主祭神、アメノウズメ（天鈿女）とサルタヒコ（猿田彦）を副祭神とする神社で、その他は稗田環濠集落としても知られています。

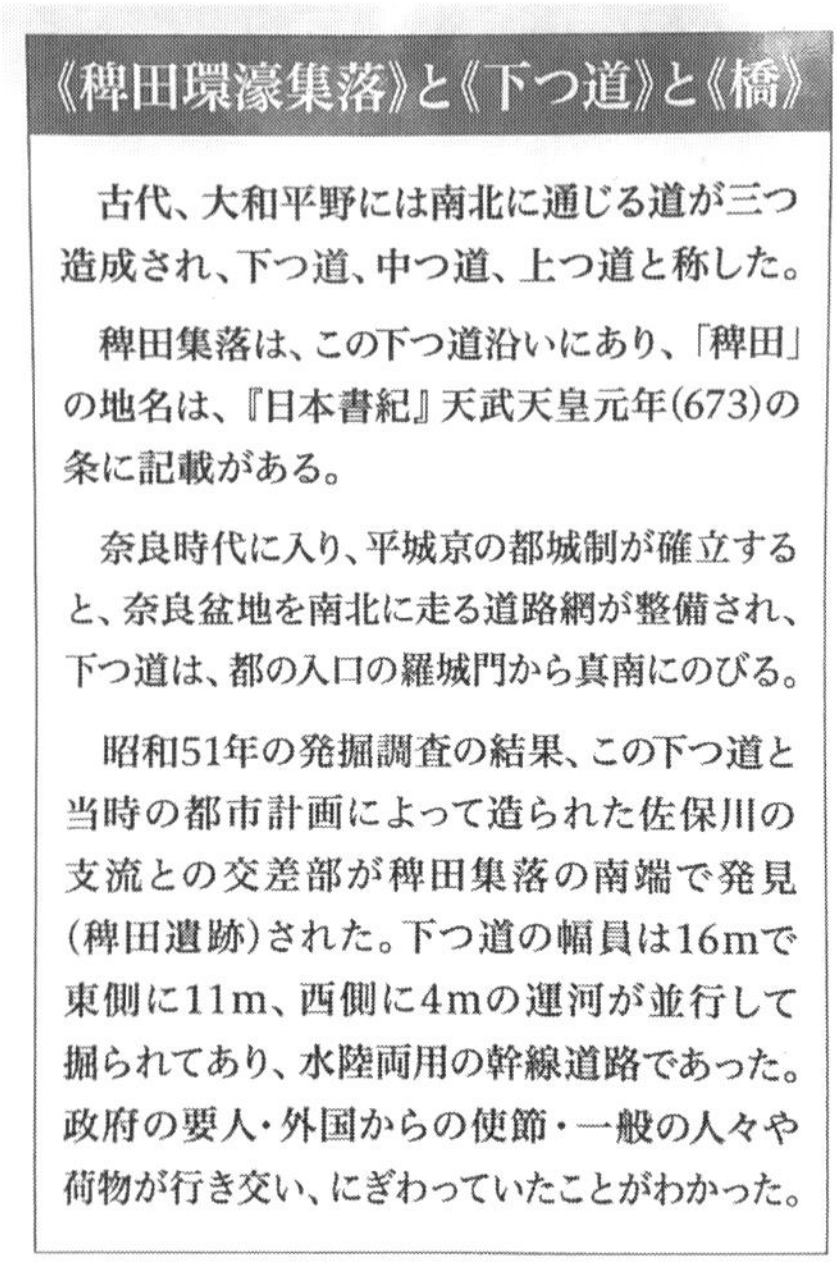
《稗田環濠集落》と《下つ道》と《橋》

古代、大和平野には南北に通じる道が三つ造成され、下つ道、中つ道、上つ道と称した。

稗田集落は、この下つ道沿いにあり、「稗田」の地名は、『日本書紀』天武天皇元年(673)の条に記載がある。

奈良時代に入り、平城京の都城制が確立すると、奈良盆地を南北に走る道路網が整備され、下つ道は、都の入口の羅城門から真南にのびる。

昭和51年の発掘調査の結果、この下つ道と当時の都市計画によって造られた佐保川の支流との交差部が稗田集落の南端で発見(稗田遺跡)された。下つ道の幅員は16mで東側に11m、西側に4mの運河が並行して掘られてあり、水陸両用の幹線道路であった。政府の要人・外国からの使節・一般の人々や荷物が行き交い、にぎわっていたことがわかった。

売太神社の案内板説明文

稗田阿礼は太安万侶の『古事記』序文に登場し、アメノウズメ（猿女君の祖）は裸踊りをして岩屋戸からアマテラスを誘い出します。またサルタヒコは降臨のホノニニギ（アマテラスの孫）一行を途中まで迎えに行ったことで知られています。

その売太神社に行った際、郡山駅でもらった詳細な観光地図と見て驚いたのは、平城京の朱雀門から中央を南北に走る朱雀大通り南起点（現奈良市と大和郡山市の境界地点）に羅城門跡があり、その羅城門の真南二キロに売太神社が位置していることです。

『古事記』が太安万侶から元明天皇に献上されたのが七一二年であり、藤原不比等プランの平城京が完成したのは七一〇年です。先の「猿」のつく名の「猿女君《さるめの》」「サルタヒコ」の差別名からも、売太神社が平城京造営プランから排除されたことがわかったことです。

石渡信一郎氏がサルタヒコ＝昆支（倭王武）としていることと、売太神社の周辺に応神＝昆支を祀る八幡神社が少なからず存在しているのもそのことを物語っています。また、サルタヒコ神社は伊勢神宮内宮の近くにあるのも、外宮と同じようにアマテラスの守護神＝下僕神としての立場をシンボリックに言い表していることがわかったことです。論より証拠です。古代史をよく理解するためには、より優れた仮説をもとに遺跡の現場に直行して自分の目で確かめてみることです。

第Ⅳ章　エミシはなぜ天皇に差別されたか

二〇一六年五月三日横手市雄物川コミュニティセンターにて
雄物川地域活動の会「まち協」主催
雄物川町文化保護協会・福地地区交流センター共催
雄物川ふるさと講座：林順治出版記念講演会

Check Point

〈講義のポイント〉

□ エミシ開拓の拠点

□ 横手盆地のエミシ

□ 源氏の始祖神は応神天皇（八幡神）

□ 藤原氏の鹿島祭りはエミシ討伐のシンボル

□ 前九年の役と後三年の役

□ 加羅系氏族と東北地方との関係

□ エミシだけが先住民ではない

1　存在の故郷と私

私は東京世田谷の下馬で生まれましたが、三歳八ヵ月のときから父母の郷里秋田県平鹿郡福地村深井（現横手市雄物川町深井）で育ちました。旧姓は〝福岡〟と申します。不思議なことに深井に来てから小学校に入るまでの記憶がまったくと言ってよいほどないのです。あるとすれば、家の裏の畑から緑色のキラキラ光る田圃を眺めていたことぐらいです。

それとは反対に世田谷下馬にいた頃母に抱かれて多摩川（海辺かどうかさだかではない）に入ったことや、三輪車で近くの大きなお風呂屋さんをのぞいたことや、それにトラックの荷台から落ちたことなど記憶しています。

母の話によれば、深井に移住してからしばらくして一週間ほど眠り病のような状態になり大変心配したそうです。おそらく母の背中から見た水田がぼんやり見えたのはその頃かもしれません。

私は兄八人、姉二人の一一人兄弟姉妹の末っ子です。ですから父母にとても甘やかされたのでしょう。母がいなくなれば「カアチャン」「カアチャン」と泣きながら近所の家々を探し回るとその家のばっぱ（お母さん）から駄賃やお菓子をもらいました。こんなことからすぐ上の二人の兄からは「甘えちゃいけない」と言われよく泣かされました。

雪が積もり始めると毎日シャベル（スコップ）をもって外に出て雪をいじっていました。大沢のリンゴ屋さんが吹雪の日も晴れた日も黒い犬にソリを引かせて朝夕家の前を通り大沢と沼館を往復していましたが、そのリンゴ屋さんが〝あすこのわらし（子供）なば、表に立っていない日はねぇ〟と噂していたそうです。

春先は〝どっこ〟でドジョウとり、初夏は雑魚《ざっこ》ひき、夏は雄物川の河原で泳ぎ、夕方はナマズ針につける太い大きなミミズ掘りなど、食べることと直結する遊びで過ごしました。

小学校一年のお正月（旧正月）前の親戚の叔父さん（父といとこ）が東京に行った際のお土産として買ってきてくれた月刊誌『おもしろブック』（集英社、一九四九年創刊）の「少年王者」（山川惣治の劇画）に惹かれ、小学六年生の終わりまで一冊も欠かすことなく沼館町の島田書店に買いに行きました。「まだか、まだか！」とうるさかったのか、店の主人に「まず、このわらしなば」と呆れられました。

このような泥や砂や石ころや水や草や柳や小魚や雪の中の遊戯も父母や兄弟や村の大人たちに保護された生活も小学校四、五年生の頃までで、中学生になってからは担当教師によれば〝きがねわらし〟、つまり〝言うことを聞かない〟〝反抗的な生徒〟になりました。

こんなことがありました。中学に入っていきなり女の先生に学級新聞の編集を言い渡されましたが、私は絶対いやだと言って逃げ帰りました。すると先生はノシノシと追っかけてきました。

私は家にカバンを放り投げて雑魚とりの網をもって裏の田圃に出かけました。するとはるか遠くの家の裏の畑で先生と母親が一緒に手を振ってコイコイと手招きしている姿が見えました。これが私の〝楽園時代〟の終わりだったのかもしれません。

二八歳のとき早稲田露文科の金本源之助先生の紹介で結婚して〝林〟を名乗るようになりましたが、早稲田大学に入学した当初は、授業に出るのも面倒くさく大隈重信の銅像の真ん前にある図書館に朝一番で入り、手当たりしだい本を読み原稿を書いていました。

私は小学校五年生頃まで父と母の間に寝ていましたので、母は自分が幼い頃大きな蔵がいくつもある福岡利兵衛の家で七、八歳の年齢で〝めらし〟（女中）として働いていたことや、〝久次郎〟という弟のことをよく私に話してくれました。

〝めらし〟という言葉は調べてみると方言の一種ですが、当時、母の話から推してみると、どうもお膳運びのようなことをやっていて、それが幼い母にとって何かとても楽しかったようです。しかし弟の久次郎の話になると私だけにしか話せないようなつらい思い出を語っている様子でした。

その久次郎という人は東京で鉄道学校に通っていましたが、関東大震災のとき隅田川に入水してから精神に異常をきたして亡くなったそうです。私は二四歳までに必ず本を一冊だそうと思っていて、作家名を「大和久次郎」にしようと決めていました。

母の実家の「大和」という姓は横手盆地では少なく珍しい名前だと思います。「大和谷《やまとや》」という姓は小学校のクラスに数人はいましたが、とくに深井集落に多かったようです。

約一三〇〇年前の『古事記』（七一二）にヤマトタケルが東北のエミシを討伐した帰りに「倭《やまと》は 国のまほろば たたなづく 青垣 山隠《やまごも》れる 倭しうるはし」と歌ったと書かれていますが、いま考えるとその〝やまと〟が母の実家の姓「大和」と同じであることから興味をもったのかもしれません。

しかし母方の系統がどちら方面から横手盆地に入ったのか今でもわかりません。一昨年亡くなりました親戚の福岡トモ子さんなどは「伊勢三重のほうからきたそうよ」とあまり自信なさそうに言っていましたが、今では確かめようがありません。

その頃トモ子さんは「福岡」は九州博多一帯を治めた福岡藩（黒田藩）から来た、と言っていました。皆さまも自分の先祖が日本のどの方面からやってきたのか互いに語り合うのも面白いと思います。後で述べますように古くは横手盆地には県外からさまざまな人たちが開拓民として入っています。

さて、「なぜ私が古代史に焦点を当てたものを書くようになったのか」、そして「その古代史とはいま私にとってどのような意味をもっているのか」というテーマでお話ししたいと思います。

今回出版しました『エミシはなぜ天皇に差別されたか』の「はじめに」が、横手盆地の〝心象風景〟としてはよくできていると思いますので、あらためて自己紹介も兼ねてお読みいたします。「です、ます調」に変え、一部省略します。

私の好きなトルストイもドストエフスキーも最初の作品『幼年時代の思い出』や『貧しき人々』を出版する前に、出版社の経営者にして詩人のネクラーソフ（『ロシアは誰に住みよいか』の著者）に連れられて、当時ロシアの有名な批評家ベリンスキーの前で一晩中立ち通して読んだそうです。

私の場合は、〝存在の原点〟とも〝存在の故郷〟とも言ってよい郷里の人たちの前で自作の一部を読むことができるわけですから、とても名誉なことと嬉しく思っています。

2　心象風景としての横手盆地

大人になってある事を知った私は、尚一層、自分の父の先祖は蝦夷（以下、エミシ）の末裔だったかもしれないと思うようになりました。私は一一人兄弟姉妹の末子ですが、私だけが東京世田谷の下馬で生まれました。小学校の一、二年生の頃私は母から七番目の兄と八番目の姉の間にもう一人男の子が生まれてすぐ亡くなったと聞きました。

父（明治二五年生まれ）は郷里の深井で保呂羽《ほろは》山（出羽山地）に近い大森町から婿養子に入った祖父の後を継いで大工をしていましたが、長兄（大正五年の生まれ）の建築会社の手伝いを兼ねて昭和一三年に駒沢練兵場に近い東京世田谷の下馬に移住しました。

しかし昭和一六年（一九四一）一二月の太平洋戦争の勃発（真珠湾攻撃）によって長兄を含めて兄弟四人がそれぞれビルマ・ニューギニア・フィリピン・北支に出征することになりました。

東京大空襲の一年前の昭和一九年三月、父母はお腹《なか》の大きくなった長兄の嫁と私を含めて下の四人の子（姉一人、弟三人）を連れて郷里の秋田県平鹿郡福地村深井（現秋田県横手市雄物川町深井）に引っ越しました。父は東京に出る前に自分で建てた新築の家を親戚に見てもらっていたので、私たちはまだ真新しい大きな家にすむことができました。

間もなくニューギニアから二番目の兄が復員してきましたが、その兄は昭和二二年七月の雄物川洪水の翌年、マラリアの後遺症で亡くなりました。母は二階の暗い部屋で私を自分の傍らに置き、「雄二、なぜ死んだ、なぜ死んだ」と兄の亡骸を揺さぶりながら大声で泣いていました。連れ合いを失くした兄嫁は、生まれたばかりの子も亡くしたのでやむなく実家に戻りました。

兄嫁の実家というのは浅舞町に隣接する吉田という村にあり、私は結納の「たるこしょい」（花嫁あるいは花婿の家から行列で御祝の品の樽酒などを背負って運ぶ少年）役で花嫁の家を訪れ、花嫁の両親に大いに可愛がられ、歓迎されました。辺り一面が田畑のその家屋敷は杉林に囲まれた馬小屋を持つ大きな茅葺《かやぶき》の農家でした。屋敷の前に架かった土橋の下の勢いよく流れる水を鮮明に思いだします。

旧福地村深井は奥羽山脈と出羽山地に囲まれた横手盆地中央の出羽山地沿いの雄物川中流右岸の民家七〇～八〇軒からなる街道筋に沿う集落です。その集落を国道一〇七号線が太平洋側の岩手県大船渡を発して、横手そして浅舞を経由して日本海側の由利本荘に着きます。横手から浅舞まで八キロ、深井までは一六キロ、出羽山地を横断して子吉川沿いに本荘まで四四キロです。

当時、横手・本荘間をバスが砂埃を上げて走っていました。隣家のいさば屋（魚屋）にダットサン（日産の小型トラック）や馬そりから木箱に詰められたハタハタやサンマがもりだくさん降ろされるのを見ました。

南の湯沢から北の大曲まで約四〇キロの横手盆地（仙北《せんぼく》平野を入れると約六〇キロ）は南北に長い楕円形をしています。その地表は東が高く西が低いので、雄物川は西の出羽山地沿いを北に向かって流れます。横手盆地の地層は奥羽山脈栗駒山系から流れる皆瀬川・成瀬川、横手川などからの土砂の堆積作用による最も新しい沖積層です。

〈注〉横手盆地を中心とした地域には、山本郡（現仙北郡）・平鹿郡・雄勝郡の三郡が置かれ、「山北（仙北）三郡」と呼ばれます。「山北（仙北）三郡」は雄物川支流の各上流尾根線まで含まれるので横手盆地は全国一の大きな盆地です。

秋田・山形県境の大仙山（標高九二〇メートル）に発する雄物川は、横堀町で神室山

（標高一三二〇メートル）に水源をもつ役内川、三関で高松川、十文字で栗駒山系からの皆瀬川・成瀬川、そして羽後町で出羽丘陵からの西馬音内川を入れ、角間川（大仙市）で横手川、大曲で玉川をあわせて秋田平野に流れ出ます。雄物川は北上川、最上川とならんで東北地方の大河です。

江戸時代、雄物川上流の深井は土崎港から塩や魚が運ばれ、米や木材や野菜を積む船着き場でした。皆瀬川、成瀬川、西馬音内川を集めた雄物川は深井集落を通過する頃は水かさも増え、雄物川橋の袂の三吉山（頂上から奥羽山脈と横手盆地と雄物川の上流・下流が一望できる）に当たります。三吉山から末館の約三〇〇メートルの山裾の岩場と水深二メートルの緩やかな流れにアユやクキ、ヤマメやイワナが手掴みできるほど群がる、子どもたちの楽園でした。

3　横手盆地の古代・中世の歴史

福地村深井は全国津々浦々のどこにでもある町や村の類《たぐ》いですが、実は、一〇〇〇キロも離れた古代中世の平城京・平安京や大阪羽曳野市を流れる石川右岸の通法寺（廃寺）境内の源氏三代頼信・頼義・義家の墓や壺井八幡宮と深い関係があります。

深井から約七キロ上流の雄物川左岸の足田《たらだ》（西馬音内町に隣接）には、秋田城に至る道を作るために大野東人（?—七四二、陸奥鎮守府将軍）が造った雄勝村（七三三）や藤原朝《あさ》獦《かり》（?—七六四、藤原仲麻呂の四男）が創建したという雄勝城（柵）跡（七六〇）がありま す。

また深井から二キロ下流の雄物川両岸には後三年の役（一〇八三）の清原家衡が籠った沼柵と矢神八幡神社があります。雄勝柵と沼柵は中央政府（朝廷）のエミシ征討と密接な関係があります。家衡はその後横手金沢柵に移りますが、沼柵では積雪を防壁に数千の源義家の率いる兵を苦しめます。沼柵に近い造山《つくりやま》の蝦夷《えぞ》塚古墳（推定七〇〇—八〇〇）から二種類の勾玉《まがたま》が出土しています。

雄勝城柵と沼柵は約三五〇年の開きがありますが、その間に元慶《がんぎょう》二年（八七八）のエミシの反乱（秋田城の反乱）があります。この反乱の鎮圧のため朝廷が出羽国に派遣した藤原保則と小野春風は山北三郡（仙北・平鹿・雄勝）の俘囚エミシの協力を得て雄物川以北のエミシの反乱を収拾します。

横手市雄物川町深井の旧雄物川橋と三吉山（筆者撮影）

元慶の乱の際、藤原保則の下で働いた清原令望《よしもち》（秋田城介）は、前九年の役（一〇六二）の安倍貞任追討で源頼義（義家の父）の参謀となった清原武則の先祖と考えられます。元慶二年の乱後、秋田城介として出羽国に住んだ清原令望は、エミシの俘囚長清原武則と姻戚関係を結びます。その清原武則の居城は雄物川の上流成瀬川の右岸の真人山（横手市増田町）です。

前九年の役の小松柵（岩手県一関市）の攻略で活躍した清原武則の第一陣の兵士深江是則（平鹿郡）は、元慶の乱で活躍した深江三門《みかど》の末裔でしょう。このように横手盆地（仙北・平鹿・雄勝）の俘囚は朝廷の夷を以て夷を征する政策によって官軍（朝廷側）に味方していますが、彼らが俘囚エミシであることに変わりはありません。

4　大人になって故郷を書くこと

三一書房に入社してから一六年後の一九八八年（四八歳）の春、私は著者仲間の一人から在野の古代史研究者石渡信一郎氏を紹介されました。氏はすでに都立高校の英語教師を辞めて札幌市郊外の白石でアイヌの研究をしていました。

当時の私の歴史認識といえば、菅江真澄が「雪の出羽路」「月の出羽路」でよく引用する『陸奥話記』の前九年・後三年役でしたが、ベルリンの壁が崩壊する三ヵ月前一九八九年（一月七日、昭和天皇死去）の夏、石渡氏から『日本古代王朝の成立と百済』（私家版、自費出版のこと）が送られてきました。

その時ふと「深井のはずれの雄物川の河原に接して高く聳えていたあの八幡神社とその神について何か書いているかもしれない」と思った私は、急いで頁をめくりました。すると、第九章の終わりに「昆支《こむき》の神格化・八幡神」とあります。そして今度は前の頁をめくっていくと、「第六章　百済王族余昆（昆支）＝応神天皇」とあります。

いったい、なぜ、百済から渡来した王子昆支が日本全国津々浦々の町や村に祀られている八幡神＝応神天皇なのか⁉　その百済の王子が大阪羽曳野《はびきの》市の日本最大の古墳誉田《ほむた》陵

（伝応神陵、全長四二〇メートル）に埋葬されていることを知った私の驚きは計り知れません。

ところで私が衝撃とともに知ったあることは「日本古代国家は新旧二つの朝鮮半島からの渡来集団によって建国された」という石渡信一郎氏の仮説が日本の歴史＝天皇の歴史の秘密を解く命題であるということです。

そして日本古代国家が渡来集団に建国されたのが真実であるならば、彼らが渡来するまではエミシであれ、関東の人であれ、ましてや九州の人であれ〝先住民であった〟と想定できるとし、従来の日本の歴史も、東北の歴史も、エミシの歴史も根底から見直し、修正できるのではないかと考えたのです。

私はここまで「二度大人になって……」という言葉を使っていますが、ここで「哲学的」「心理学的」な用語を使って説明したいと思います。

実は中学三年生（一五歳）の一九五五年一二月末のことです。私は高校受験のための数学の勉強をしていたときに強迫神経症にかかり、その神経症が七年後の一九六二年二月一〇日の真夜中に治った体験をしました。なぜか私はかかった日も治った日もはっきり覚えています。

神経症とは五歳までの早期幼年時代に体験された心的外傷が、防衛→潜伏→思春期（一五、六歳）に発症する症状を言います。私の場合で言いますと早期幼年時代は東京下馬時代（一九四〇年から一九四四年）の父母兄弟と長兄の嫁合わせて一四人が一緒に住んでいた頃にあたります。

東京世田谷の下馬一丁目の借家は、二階が父母と姉と生まれたばかりの私の部屋、長兄夫婦の部屋、下の兄弟三人の部屋、一階は建築資材の置き場をかねた残りの兄弟の部屋がありました。二番目の兄が出征するときに二階の部屋で撮った一家全員の写《うつ》った写真（田舎に引っ越す一年前の昭和一八年頃撮影か）があります。拙著『天皇象徴の日本と〈私〉』のカバーを見てください。枠内の軍服姿は三番目の兄で出征先から送られてきた写真と思われます。

『天皇象徴の日本と私』カバー用写真

郷里深井に引っ越してからは、私は小学五年生頃まで父と母の間に寝ていました。母は「お前をおろすために東京中の病院を探し歩いたが、どこの病院でもダメだと言われた」とよく言っていました。私が生まれたのは真珠湾攻撃（一九四一年一二月）の前年の一九四〇年七月二五日ですから、その前年の昭和一四年八月厚生省は「多子家庭表彰要綱」（一〇人以上の子供を産めば天皇陛下から表彰）を発表しています。

また、昭和一六年一月には政府は「人口政策確立要綱」を決定し、戦争政策の一環として多産プランを促進しています。母は長兄夫婦の間に間近に生まれるかもしれない子のことも考え、私を生むことにかなりの精神的なジレンマと葛藤を受けたに違いありません。

さて、ジークムント・フロイト（一八五六―一九三九）というドイツの臨床医（患者に接して診察・治療をする医師。いまの精神科医）は、神経症という病気なのか病気でないのかよくわからないような症状を生涯かけて研究しました。

その研究によってフロイトは世界的に知られるようになりますが、一九三九年フロイトは亡命先のロンドンで亡くなります。このフロイトと神経症のことについては拙著の『ヒトラーはなぜユダヤ人を憎悪したか』や『天皇象徴と〈私〉』に書いていますのでご覧ください。

ところで私が神経症によって知ったことは哲学者ハイデガー（一八八九―一九七六）のいう「世界内存在」であり、デカルト（一五九六―一六五〇）の「我思う故に我あり」であり、もっと正確に言いますと、「実存は本質に先立つ」あるいは「自由は真理の根拠である」というJ・サルトル（一九〇五―八〇）の実存哲学です。

サルトルは「私を見るということは私にまとわりついていた彼ら（他者）を同時に見なければならない私の構造である。しかし私が私を包んでいた彼らを同時に見るためには、私は別の彼ら（他者）の中に投げ込まれていなければならない私の構造なのだ」という存在論でした。おなじ哲学用語で認識論とも言います。

サルトルの主著『存在と無』は「人間とはあらぬところのものであり、あるところのものであらぬ」といういわゆる未来と現在と過去を一緒にした〈私〉の哲学です。哲学の本は一頁にわかる言葉が一ヵ所か二ヵ所あれば、時間と体験を積めば次第にわかるようになります。サルトルの哲学は選択の哲学であり、その選択は〝自由〟と切り離すことはできません。したがって自由とは何かと問うことです。

大学入試を間近に控えていたにもかかわらず、私は筑摩書房の赤い表紙のデカルト『方法序説』と、当時発売されたばかりの白い表紙の『存在と無』のI巻をもって上京しました。なぜかこの二冊の本が神経症から私を救ってくれるような予感がしたからです。そして私が神経症から解放されたときに第一番に浮かんだ言葉は〝故郷〟と〝書く〟という言葉でした。すなわち「故郷を書く」ということでした。

ところで夏目漱石の友人であり、かつ漱石が尊敬した秋田県大館出身の狩野亨吉は同じ秋田出身の江戸時代の安藤昌益を語るとき、このデカルトやハイデカーやサルトルの存在論を見事にわかりやすく解いています。狩野亨吉は本を書くことの少ない人でしたが、このとても優れた論文を大正四、五年頃に発表しています。

郷里の歴史が地方の歴史になり、国家の起源＝天皇の歴史につながります。そして私が私向きの出版社に入り、一九八八年石渡信一郎氏に出会うことになったのです。私が大人になったということは、私が社会を知り、人（他者）を知り、自分の居場所を知り、本当の日本の歴史の始まりを知ることができたということなのです。

5　昆支王＝応神天皇＝八幡神が意味するものは？

それでは百済から渡来して倭国で大王になり、のち八幡神とも、大菩薩とも、また応神天皇とかヤマトタケルとか呼ばれた昆支とはどのような人物なのでしょうか。史実にもとづいて少し具体的にお話しいたします。昆支王には一〇歳年下の余紀という弟がいました。この二人の王子は百済蓋鹵《こうろ》王（在位四五五―七五）の弟ですが、四六一年倭国に渡来して、大阪府の石川と大和川が合流する地帯を本拠地とする倭の五王「讃・珍・済・興・武」の倭王済（『古事記』のホムタマワカ）の姉妹《あねいもうと》にそれぞれ婿入りします。

しかし兄の百済蓋鹵王は、昆支と余紀が日本に渡来した一四年後の四七五年の高句麗長寿王の侵略によって殺害され、百済は漢城（現ソウル）から南の公州《こんじゅ》（現韓国忠清南道公州市）に都を移します。

実はこの昆支王の弟余紀は昆支王の後を嗣いで五〇七年に倭王になった継体天皇のことですが、『日本書紀』と『古事記』はこの天皇を仁徳天皇としています。仁徳＝継体は大阪堺市にある仁徳陵（全長約四八六メートルの日本最大の前方後円墳）の被葬者です。仁徳陵は歴史・考古学関係の研究者の間では大山《だいせん》古墳と呼ばれています。

大山古墳は誉田陵（伝応神陵）より規模にして二、三〇メートル大きめです。西の仁徳陵と東の誉田陵は東西一直線の一五キロしか離れていません。そして古墳の形もほぼ同じで、誉田陵は大山古墳より築造年代は一〇年古く五一〇年前後と推定されています。

当時、大王の墓は寿墓として生前に築造されました。しかし天皇陵および参考陵（被葬者が特定できない皇族の墓）の発掘調査は明治以降に禁じられ、現在に至っています。したがって考古学的な科学的調査はできません。江戸時代は古墳の上に畑を作っていました。豊臣秀吉などは仁徳陵の石棺の蓋をもちだして自分の庭の敷石にしたそうです。

天皇陵と参考陵のほとんどは大阪の堺市と羽曳野市と奈良盆地に集中しています。天皇陵を含めると伝仁徳陵のある百舌鳥古墳群と伝応神陵のある古市古墳群には二〇〇基の古墳があると言われています。

皇居（旧江戸城）を歩いて一周するには約一時間かかります。羽曳野市の応神陵を一周するにもそのくらいの時間がかかります。堺市の仁徳陵はもう少しかかります。大阪府だけでもこのような巨大古墳が二つもあるのです。

堺市の百舌鳥古墳群には天皇陵は二三基、羽曳野市の古市古墳群には天皇陵は七基あります。府も市もこぞってユネスコの世界文化遺産登録の申請を一〇年ほど前からやっていますが、まだ、実現していません。発掘調査という科学的メスを入れて、ェジプトのピラミッドのツタンカーメンや秦の始皇帝陵の兵馬俑《へいばよう》（兵士及び馬をかたどったもの）のように時代や王が特定できなければ文化的価値として認定されないのでしょう。

ところで百済系同士の継体系（仁徳系）と昆支系（応神系）はのち王位継承をめぐって

激しく対立し、継体系が六四五年（大化の改新＝乙巳のクーデター）で覇権を握ります。そのクーデターによって昆支系の馬子・蝦夷・入鹿の蘇我王朝三代は滅びます。

天智と天武も、天武と持統の孫文武天皇も、文武の子聖武天皇もエミシ三八年侵略戦争を起こした光仁・桓武も百済継体天皇の系統です。また六四五年の大化の改新で中大兄こと天智天皇に協力した中臣（藤原）鎌足とその子不比等、不比等の子藤原四兄弟の武智麻呂・房前・宇合・麻呂は天皇家と婚姻関係を通して左右大臣（摂関家）を独占します（拙著『八幡神の正体』参照）。

不比等の四男で持節大使（総指揮官）の藤原麻呂は、天平九年（七三七）、鎮守将軍大野東人とともに多賀城から秋田城に至る道の経由地として横手盆地の雄勝村のエミシを討伐しようと試みますが、積雪のため大野東人一行は神室《かむろ》山の手前で引き揚げます。藤原麻呂は多賀城から帰京しますが、当時流行していた天然痘にかかり亡くなります。他の三兄弟も相次いで天然痘で亡くなります。

6　源氏三代頼信・頼義・義家の始祖応神天皇

そもそも百済の王子昆支《こむき》（余昆）と余紀が倭王済の入り婿に入った四六一年頃の河内平野（大阪平野）は、大和川と石川が網の目のように流れる沼と藪の湿地帯でした。そこに国を失った百済からの数十万を超える移民・難民が倭国に渡ってきます。

しかし彼らは勝手に渡ってきたのではありません。高句麗からの絶えざる侵略を受け、領土を失って倭国に渡ってきた何十万という百済系住民は、第五代倭王済に婿入りした昆支王のもと開拓民としてスキ（鋤）や鎌などの鉄製用具で沼と藪と湿地の河内平野を開拓します。今の大阪平野に仁徳陵と応神陵があるのはそのことを物語っています。

源氏三代頼信・頼義・義家はこれら百済からの移民の子孫です。事実、源氏三代の墓は石川と大和川が合流する手前の石川右岸の壺井という高台にあります。三代の墓の近くの壺井八幡宮から応神陵が肉眼で見えます。

壺井八幡宮は源頼義が前九年の役を記念して建立したものですが、応神陵の後円部に接して鎮座している誉田八幡宮に源頼義の父頼信は「大菩薩の聖体（応神天皇）はかたじけなくも某《それがし》の二二世の氏祖なり」という告文を納めています。つまり応神天皇は源氏の始祖王だと発表したのです。

八幡太郎義家の祖父頼信も父頼義も藤原道長ら藤原摂関家が持つ荘園の管理者として大和川沿いの牧草地帯に馬の生産地を経営し、莫大な富を蓄えます。馬は機動力と生産性に優れ、源氏の軍事力の増大にかぎりなく貢献します。いわば源氏三代は河内平野にトヨタ自動車工場をもっているようなものです。

源氏は臣籍降下によって源氏を名乗ります。臣籍降下とは皇族がその身分を離れ、姓を与えられ臣下の籍に降りることを言いますが。賜姓降下《しせいこうか》とも言います。ですから源氏は賜姓源氏とも呼ばれます。

臣籍降下は律令制度（七〇〇年代の前半）では第六世から行われますが、八世紀後半から次第に繰り上がって来て、桓武天皇の延暦一七年（七九八）から五世は王号を名乗ってよいが、財政的な援助は受けられないことになったのです。

桓武天皇は平安京の造成や長期の対エミシ侵略戦争で財政を逼迫させたので、皇親をできるだけ野に放ち地方豪族として土着化する方針をとったのです。嵯峨天皇（桓武の子。平城天皇の弟）には五〇人の皇子・皇女がいましたが、三二人が臣籍降下しました。

三二人に賜姓された姓名はすべて「源」です。皇親に残る者と臣籍降下する者との違いは生母の身分によります。朝廷に官職を有するものが母であった場合は皇親として残され、生母が国司以下であれば臣籍降下の対象になるのです。

八七八年の秋田城エミシの反乱から六〇年後の天慶元年（九三八）、陽成《ようぜい》天皇の子元平親王を父にもつ五世孫の経基王（源経基）は介としてはじめて武蔵国に赴任することになり、そこで平将門の戦乱に巻き込まれます。源経基→源満仲→頼信→頼義へと続きます。ですから経基は頼義の曾祖父にあたります。

平将門の反乱というのは、桓武天皇の五世孫平国香《くにか》の子良持の子将門が天皇宣言をして坂東（関東地方）を制圧しようとして挙兵するものの、平貞盛と藤原秀郷連合軍に鎮圧され、首を切られる事件です。

桓武平氏は源氏より五、六十年（二世代）早く坂東に土着化しました。源氏が関東地方に地盤を築くことができるようになったのは、父頼信が平忠常の乱を抑えた功績によって、子の頼義が桓武平氏の平直方の娘と結婚し領地を相続したからです。

7　エミシ攻略のための雄勝城柵と鎮守将軍藤原朝獦

さて横手盆地の雄勝城柵ですが、文献上の初出は『続日本紀』聖武天皇天平五年（七三三）一二月二六日条の次の記事です。「出羽の柵を秋田村の高清水村に移した。また雄勝村に郡を建てて人々を居住させた」と書かれています。この記事の「出羽の柵」というのは現在の最上川河口左岸の酒田市近辺にあった柵ですが、律令国家がエミシ攻略のためにつくった柵です。

時の右大臣藤原武智麻呂（不比等の長子）は多賀城から秋田柵に至る道の経由地として雄勝村（柵）を作り、横手盆地を兵站基地として北の盛岡と南の一関からの挟撃作戦を画策しました。なぜならば多賀城から一関の手前までは領土拡大路線が順調に進んでいましたが、一関の辺りでエミシの強力な抵抗に遭って日高見国（北上川流域の現岩手県）に入ることができなくなったからです。

エミシの抵抗に遭った地は、東北新幹線のくりこま高原と一関間の長いトンネルが宮城県と岩手県の県境になりますが、そのトンネルに入る手前の北上川が大きく蛇行するあたりです。下りの新幹線からもよくわかります。

この律令国家による日高見国のエミシ挟撃作戦は光仁・桓武天皇の三八年侵略戦争（坂上田村麻呂×アテルイの戦など）を経て、元慶二年（八七八）の秋田城エミシの反乱、前九年合戦（一〇六二）の源頼義による安倍貞任追討で完結します。

藤原四兄弟の長子武智麻呂政権に話を戻します。天然痘が発生した二年後の聖武天皇天平九年（七三七）正月二三日の陸奥の按察使《あぜち》大野東人は「男勝村を攻略して直行路を貫通させ、多賀城から秋田柵までの最短距離の道路を造りたい」と政府（朝廷）に報告します。いよいよ横手盆地の攻略開始です。

しかし「男勝村を攻略して云々」の言葉は、先の天平五年の「雄勝村に郡を建てて人々を居住させた」という記事とは矛盾しています。おそらく雄勝村はエミシに奪還されたのでしょう。

多賀城から秋田城への道をつくるための大野東人の遠征は、二月二五日に多賀城を出発し、五日後の三月一日に出羽国大室駅（山形県尾花沢あたり）に到着するという騎兵一九六人、鎮守府の兵四九九人、陸奥国の兵五〇〇〇人、帰順した夷狄《エミシ》二四九人の総勢五九四四人からなる大行軍です。しかし現地（雄勝村）が異常に積雪が多いのと、出迎えた出羽国守田辺史難波の説得によって大野東人は雄勝村攻略を中止します。

大野東人の遠征から二一年経った天平宝字二年（七五八）、孝謙天皇は譲位して藤原仲麻呂（武智麻呂の次男）の養子大炊《おおい》王（淳仁天皇）が即位します。右大臣の兄藤原豊成にかわった藤原仲麻呂は右大臣を唐風の「大保」に変え、自らの名を「恵美押勝」とします。〝エミシに押し勝つ〟というような意味かもしれません。

この年の前年から開始された対エミシ策の一環として父仲麻呂の意向をうけた三男朝獦《あさかり》は陸奥の桃生《ものう》城（宮城県桃生郡河北町）と出羽の小勝（雄勝）城（秋田県雄勝町足田）の造営にとりかかります。両城は二年後の七六〇年に完成しますが、朝獦は七六二年に多賀城と秋田城の修理補強も行っています。

朝獦の名は多賀城碑こと壺碑に刻まれています。松尾芭蕉はこの「壺碑」を見るために奥の細道の旅（注：将軍徳川綱吉元禄二年、一六八九年三月）に出たと言われています。ちなみに壺碑には「去京一千五百里　去蝦夷国界一百廿里　去常陸国界四百十二里　去下野国界二百七十四里　去靺鞨国界三千里」と刻まれています。

横手市大森町八沢木に鎮座している保呂羽山波宇志別《はうしわけ》神社は社伝では天平宝字三年（七五九）に創建されたとあります。保呂羽山は日本海側の由利（本荘）が横手盆地の仙北・平鹿・雄勝と接点になっていることからも、仲麻呂の三男朝獦は保呂羽山麓を多賀城→雄勝城→秋田城を結ぶ要衝の地（関所）としてイメージしていたと考えられます。また朝獦の父仲麻呂は日本海の対岸の高句麗の遺民がつくった渤海国（壺碑の靺鞨国）との交流に大なる関心をもっていました。

天皇が孝謙の天平宝字元年（七五七）七月橘奈良麻呂らによる藤原仲麻呂打倒の謀議が露見し、奈良麻呂・大伴古麻呂・道祖王が処刑、黄文王は流刑、佐伯全成が自害、安宿王が配流となる事件が起きます。その流刑地に出羽国の小勝村（「小」は差別用語）が選ばれます。『続紀』天平宝字元年七月一二日条に次のように書かれています。

久奈多夫礼《くなたぶれ》（黄文王）らに欺かれて、陰謀に加わった人民らが、都の土を踏むことは汚らわしいので、出羽国小勝村の柵戸《きのへ》に移住させると仰せになる天皇のお言葉を皆承るように申しつける。

そして橘奈良麻呂の変から三年後の天平宝字三年（七五九）九月二六日条には淳仁天皇の勅令として次のように書かれています。

陸奥国の桃生城《ものう》・出羽国の雄勝城《おかち》をつくらせているが、工事に従っている郡司・軍毅《ぐんき》・鎮守府の兵士・馬子ら合わせて八千一八六人は、今年の春から秋に至るまで、すでに故郷を離れて生業にかかわっていない。朕はこれを思うごとに心中深く哀れんでいる。彼らが今年負担する出挙《すいこ》の税を免除せよ。初めて出羽国の雄勝・平鹿の二郡に玉野・避翼《さるはね》・平戈《ひらほこ》・横河・雄勝・助河ならびに陸奥国の峯基などに駅家《うまや》（エキカとも読む。人馬を用意し、駅使に宿舎・食糧を提供した施設）を置いた。

そして二日後の九月二七日条には「坂東の八国と越前・能登・越後・越中の四国（註：越中脱落）の浮浪人二〇〇〇人を雄勝の柵戸とし、また相模・上総・下総・常陸・上野・武蔵・下野の七ヵ国から送られてきた兵士の武器を一部保留して、雄勝・桃生の二城に蓄えた」と書かれています。また『続日本紀』天平宝字治四年（七六〇）正月四日、高野天皇（孝謙天皇）は次のように述べたと書かれています。

昔、先帝（聖武天皇）は雄勝城《おがちのき》を造らせた。しかしその仕事は難しく前任の将軍は困窮した。しかし陸奥国の鎮守将軍藤原朝獦らは、荒蝦夷を教え導き一戦も交えることなく雄勝城を完成させた。また陸奥国牡鹿郡では桃生城をつくり、賊の急所である地点を奪った。

続いて三月一〇日条に、「謀叛などの罪で朝廷に賤民とされた二三三人の奴《やっこ》と二七七人の婢《ひ》を雄勝柵に移して、奴婢の身分から解放し、良民とした」と書かれています。「奴婢」とは律令社会の最下層の賤民のことです。奴は男子、婢は女子をさしています。公奴婢と私奴婢の別がありますが、奴婢は家族を構成することが許されず、売買、譲与、質入れの対象となり、良民の三分の一の口分田（人数によって割り当てられる田）の班給を受けることができます。

8　雄勝城（柵）の拡大と鹿島祭り

先の藤原仲麻呂に〝久奈多夫礼〟と呼ばれた黄文王はれっきとした皇位継承者の資格のある天武天皇の孫にあたる大臣長屋王の子です。かつて私は黄文王も浅舞の鍋倉《なべくら》に流刑されたのではないかと思っていました。「雄物川菅江真澄会」の佐藤直紀さんにもそのようなことを話していました。

というのは浅舞鍋倉出身の友人中村徹さんから、鍋倉には城戸《きど》、都《みやこ》などの地名があることを聞いていたからです。「城」は「キ」と読むことができ、柵戸《さっこ》が「キノヘ」（開拓民）と読むことができるので城戸＝柵戸です。しかし黄文王が鍋倉に流刑になったというような研究・資料は見つかりませんでした。

『続日本紀』によれば、黄文王に関係した民や兵もそうですが、浮浪人、犯罪者、奴婢などを加えますとかなり多くの人数が雄勝柵に強制移住させられています。ですから当時足田にあった雄勝柵は、時を経て雄物川に沿って北に柵戸（開拓地）を広げ、仲麻呂時代には浅舞の鍋倉一帯から沼柵、さらに大森あたりまで達していたと考えられます。そんなことから、学生の頃、友人の中村徹さんと足田から近い西馬音内の盆踊りを見物したり、彼の実家のある鍋倉に遊びに行きました。

さて、そこで雄物川の流れに沿って横手盆地の北に向かって開拓を広げていく雄勝城（柵）と鹿島祭りに関係する話をしたいと思います。中村徹さんの実家の裏の畑の傍を幅二メートルほどの、水が澄んでいるのか、淀んでいるのかわからない堰《せき》がありました。その堰の水底は銀色のズブズブするような感じに見えるのです。

またこの堰が里見と浅舞の真ん中ほどを流れる幅五メートルの滑るように勢いよく流れる川に通じているのです。その川の水底は淡いグリーンの背丈の長い水草が絨毯のように敷き詰められて波打っているのです。まるで黒沢明の映画『夢』の川を思わせるようです。ちなみに『夢』のロケは安曇野《あずみの》市穂高の万水川・蓼《たで》川で行われたそうです。

黒沢明は縄文的風景を撮影するために青森から鹿児島まで探したそうです。黒沢明の父君の出身は仙北郡中仙町豊川（角館町に南接する大仙市豊川）で、もとはれっきとした武士の家系のようです。黒沢明は小さい頃父の郷里によく遊びに来たそうです。

五、六年前ですが、中村さんの運転する車でそこを訪ねました。黒沢家一族の大きな墓があり、間近に見える和賀岳（秋田県と岩手県の県境の奥羽山脈真昼山地の主峰一四三九メートル）を源流とする川は季節のせいか水が枯れていましたが、古い情緒のある風情でした。

さて、国道一〇七号線（大船渡・本荘間）の浅舞と里見を横切る川が役内川か皆瀬川の支流であることが間もなくわかりました。国道一〇七号線がこの縄文風の川を横切るあたりに小さな沼があり、その沼の中央の盛り上がった小さな島に数体の大きな〝鹿島様〟が置かれています。この〝鹿島様〟は深井の鹿島祭りの翌日から雄物川の橋の傍におかれる

鹿島様

大きな鹿島様とウリ二つです。

〈注〉五月三日の講演の翌日の朝、郷里の友人佐藤隆雄さんの運転する車で新町足田の雄勝柵跡を一回りしてから鍋倉を通過し、近くの国道一〇七号線沿いの沼の鹿島様を探しにドライブしました。するとバイパスで二つに分断された北側の沼に鹿島様が二体立ち、南側の沼には「小勝田沼」という立て札があり、横手盆地に湧水地があることは聞いていましたが、ここが古くからの湧水池であることを初めて知ったのです。

銀色のずぶずぶした泥土を見たことで思い出しましたが、南形と今宿を結ぶ県道の中ほどに実家（福岡）の田圃がありました。その一ヵ所から銀色の泥水が湧き出ていました。

それから南形・今宿の東側にあまり大きくない沼があって、そこは生い茂った〝ガチギ〟（鹿島人形などに干して使う水草）で鬱蒼と覆われ、学生時代

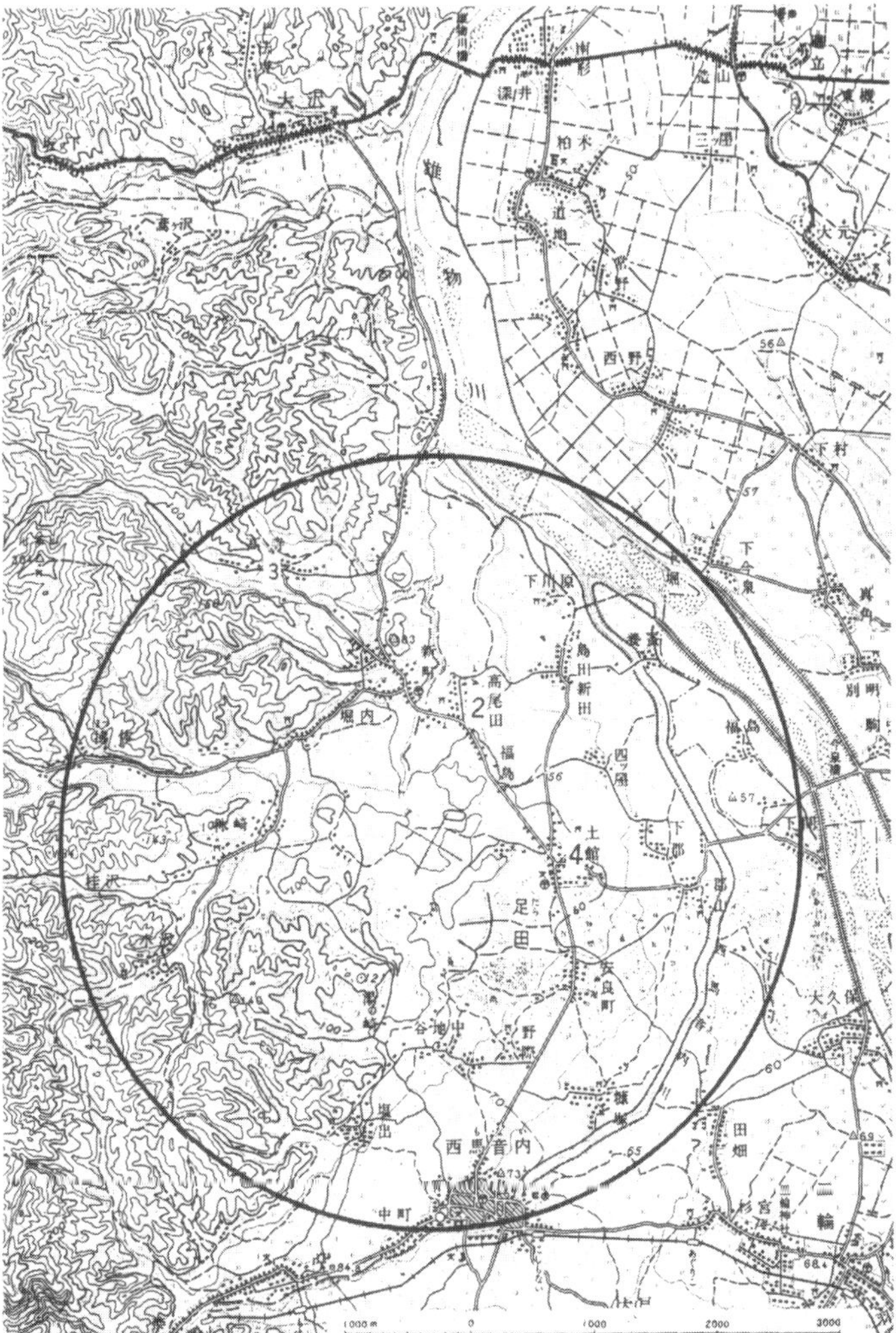

雄勝城柵跡（足田）を中心とする雄物川流域の地図

の私が郷里に帰ったときの秘密の釣り場でした。そこは稲荷神社や八幡太郎義家が斬った首を埋めたという首塚のある造山や今宿にも近いところです。おそらくこの沼は佐藤直紀さんたちが昨年出版された『菅江真澄「雪の出羽路平鹿郡」』（雄物川菅江真澄を学ぶ会編集、二〇一五年）に次のように書かれている〝黒石沼〟の名残ではないかと思います。

石持川の源は木下村・樽見内村・東里村などより流れ下り、今宿村、下河原村、または沼館村の八卦《はっけ》という村より雄物川に流れ込んでいる。黒石沼といって東西が三百間《けん》（約五四〇メートル）ぐらいの沼があり、造山村・深井村・今宿村にまたがっている。御初鳥《おはつとり》を撃って藩主に献上する鳥沼は六郡で十一個所あるが、山北三郡（雄勝・平鹿・仙北）ではこの黒沼がただ一つである。この黒石沼については深井村「やなぎはら」のところでも更に述べることにする。

先述の中村徹さんの郷里浅舞町鍋倉で行われてきた鹿島送りの際の祭り囃子の一種は鍋倉囃子といわれ、八幡神社のお祭りで催されるそうです。

横手盆地内の雄物川流域には「鹿島流し」「鹿島送り」と称され、大曲、角間川、大雄

（阿気）、田根森、深井などで行われ、道祖神としての〝鹿島様〟は雄勝町に三ヵ所、湯沢市岩崎に三ヵ所、横手市の山之内、大森町、大雄藤巻、平鹿町吉田、睦合、そして美郷町、角館にもあります。深井の雄物川橋の袂に立てられる鹿島様もれっきとした道祖神です。

この「鹿島送り」は藤原氏が祭神とする建御雷神《たけみかづち》を祀る鹿島神宮が古くから行ってきた祭りの風習が白河・勿来《なこそ》の関を越えて陸奥・出羽に伝わったものと考えられます。

藤原氏の鹿島祭りはエミシ討伐をシンボルとする侵略・支配の鹿島送りですが、雄物川流域の「鹿島送り」「鹿島流し」の「送り」とか「流し」から受ける語感は支配者と被征服者エミシの入り混じった感情が祭りに反映しているように私には思えるのです。

9　前九年の役と後三年の役

それでは前九年の厨川の合戦で源頼義に首を取られた陸奥の安倍貞任の一族と出羽の清原武則の一族との血縁関係について述べたいと思います。

前九年の合戦の最後の年の一〇六二年、源頼義はかねてから懇願していた出羽の俘囚長清原武則参戦の許諾を得ます。しかし武則の兄光頼はなぜか貞任追討の連合軍には参加していません。俘囚主光頼は病気か老齢のためか、なんらかの都合で弟武則が俘囚長を代行していたと考えられます。

実は前九年の役を記録した『陸奥話記』に「安倍正任が光頼の子、字《あざな》は大鳥山頼遠の許に隠る」という記述がありますが、横手市教育委員会は大鳥井山遺跡の過去一一回の発掘調査によって、その大鳥井山が光頼の子頼遠の居城であることを今から四、五年前発表しています。

横手市の大鳥井山遺跡が関係することなので『陸奥話記』から安倍正任について書かれた部分二ヵ所（『陸奥話記』一六節と二〇節）を抜きだしてみます。

　頼義に褒められたので、武則は深く感謝して頭を下げると、直ぐに安倍正任の居城和賀郡にある黒沢尻の柵を襲い、これを落城させた。射殺した正任軍の兵三二人。手傷を負って逃亡した将兵の数は多数。また鶴脛《つるはぎ》（花巻市鳥ヶ崎付近？）、比与鳥《ひよどり》（＝紫波郡陣ヶ岡？）の二柵も同じくこれを落城させた（『陸奥話記』一六節「宗任、経清等、鳥海の柵を放棄す」）。

この文から安倍正任は横手に近い黒沢尻（北上市）に居城していたことがわかります。またもう一ヵ所には次のように書かれています。

斬り殺した賊軍の者は、安倍貞任、同重任、藤原経清、散位平隆忠、藤原茂久ら、帰降した者安倍宗任、弟家任、則任（出家して帰降）、散位為元、金為行、同則行、同経永、藤原業近、同頼久、同遠久らである。この外に貞任の家族に遺族などはいない。ただし正任一人はいまだに投降していない。

僧である良昭はすでに陸奥国から出羽国に行って、国守源斎頼《なりより》に捕縛されている。正任は、当初出羽国の清原光頼の嫡子で、字《あざな》を大鳥山太郎頼遠という者のところに隠れていたが、後に宗任の投降した話を聞きて、自ら出てきて逮捕されたとのことである（『陸奥話記』の最終節二〇節「義家の武勇」）。

昨年出版された樋口知志氏（岩手大学教授）の研究書『前九年・後三年合戦と奥州藤原氏』によれば清原光頼の子頼遠（大鳥山太郎）の姉妹は安倍正任と姻戚関係にあることも

明らかになり、敵側であったはずの正任が清原一族の頼遠の許に隠れた理由もわかったのです。

大鳥井山遺跡は小高い丘になっていて横手高校校舎裏山の南側に接していますが、遺跡の西側は断崖絶壁になっていて横手川が眼下に見えます。安倍貞任の居城厨川柵の傍を北上川が流れているのとよく似ています。天気の良い日であれば大鳥井山遺跡の真西に沼館方面がかすかに見えます。

陸奥の安倍氏と出羽の清原氏の関係は、安倍貞任の父安倍頼時は源頼義が再度、鎮守府将軍兼陸奥国守として赴任したときに頼良から頼時に名を変えます。頼時の父は陸奥権守兼奥六郡主の忠良です。

問題は貞任の父頼時ですが、大船渡を根拠とする磐井金氏（某）の一番目の娘（兄は前九年の役の河崎城主）と結婚し貞任・重任・真任・官照・家任・女子（平永衡の妻）を生みます。更に二番目の娘と則任（白鳥八郎＝良照）を生みます。

また安倍頼時は出羽山北主清原光頼の妹（頼時嫡妻。妹か不明。武則とは兄弟姉妹の関係）と結婚して宗任（鳥海三郎、伊予・大宰府へ移配）・正任（黒沢尻五郎、伊予に移配）と一女子を生みます。宗任の妹は藤原秀郷の血を引く亘理大夫経清（藤原氏）と結婚しますが、経清が厨川で裏切りものとして頼義に首を切られたのち、清原武則の長子武貞と再婚し、家衡と真衡を生みます。

したがって宗任の妹で亘理大夫経清の妻には経清との間に生まれた清衡（奥州平泉四代の祖）と武貞と間に生まれた真衡と家衡の三兄弟がいたことになります。後三年の役は家衡に叔父武衡（武則の子）が味方し、真衡と清衡に源義家が味方することによって起きた内乱と言ってよいでしょう。

ここで強調しておきたいことは安倍貞任と宗任・正任は兄弟ですが、貞任・重任は母方を通して磐井金氏の血を色濃く受け継ぎ、宗任・正任は出羽山北清原光頼の妹を通して清原氏の血を受け継いでいることです。

したがって清衡・真衡・家衡の三兄弟の血は清衡が安倍本宗家＋藤原氏、真衡と家衡は清原本宗家＋安倍本宗家となります。清原氏＋安倍氏の血が色濃い家衡は源義家に滅ぼされ、後継者格の真衡は乱の初めに亡くなり、生き残ったのは藤原秀郷の血を引く亘理大夫経清の子清衡だけで、清衡が奥州平泉藤原四代の祖となります。

朝廷が義家の金沢柵合戦の武衡・家衡討伐を私戦とみなし、義家の恩賞を拒否したことからわかるように、陸奥・出羽の統合整理は白河上皇と藤原氏の手で行われます。清原武則・武貞父子と清衡・真衡は鎮守府のある胆沢郡に本拠を置き、いっぽう家衡は沼柵のある平鹿郡が与えられたのでしょう。それを不満とした家衡に叔父の武衡が加担したのが金沢柵合戦の大きな要因だと私は思います。

それでは安倍貞任の祖先はなぜどのようにして奥六郡の主となり安倍氏を名乗るようになったのでしょうか。実は安倍氏の先祖は四世紀初頭朝鮮半島の南加羅から渡来し、奈良盆地の三輪山西山麓の纏向に都を築いた加羅系渡来集団の氏族です（拙著『エミシはなぜ天皇に差別されたか』参照）。

「新旧二つの渡来集団の古代日本国家の形成」を提唱した石渡信一郎氏によれば、加羅系氏族の阿倍臣（氏）・毛野君《けぬのきみ》氏・大伴氏・物部氏らは、倭王武（応神・昆支王）の百済系のヤマト王朝成立（四九〇年代）の約一〇〇年前に東北地方南部に進出していました。そして百済系ヤマト王朝成立以後も引き続き、東北地方に根付き勢力を拡大したのです。

陸奥豪族の「安倍臣」への改氏姓は九世紀後半までみられるので、陸奥では加羅系氏族の阿倍臣（氏）の勢力が根強く残ったのです。九世紀後半に安倍貞行・安倍清行が陸奥守に、安倍比高《ちかたか》・安倍朝臣三寅が鎮守府将軍になっているのも、陸奥における阿部臣（朝臣）氏の勢力が大きかったからです。

10　エミシは何故どのように差別されたか

東国（勿来と白河以北の未征服の東北地方）のエミシの地を侵略しようとした律令国家は俘囚（夷俘《いふ》）の抵抗に手こずり、エミシを統制するためにエミシの中から信頼できる者を選んで長とし、〝夷を以て蝦を征する〟政策をとるようになります。

律令国家は降伏・服属したエミシを俘囚、夷俘《いふ》と呼びました。俘囚と夷俘が混用されるようになったのは、八一一年（弘仁二）日高見国（岩手県地方の呼称）が光仁・桓武天皇によるエミシ三八年侵略戦争で滅亡し、夷俘と俘囚を区別する必要がなくなったからです。

八七八年（元慶二）の秋田城の反乱を記録した『三代実録』には「津軽夷俘」「津軽渡嶋俘囚」と書かれていますが、『陸奥話記』（一一世紀後半成立）には「俘囚安倍頼時」「出羽山北俘《せんぼく》囚主清原真人光頼」と書かれています。

律令国家は東北地方の俘囚・夷俘を関東地方以西の地、伊予国や筑後国や大宰府管内諸国、出雲国、日向国などに移配します。これらのほかにも多数の俘囚・夷俘が移住を強制されました。事実、上野国《こうずけ》の三つの郡（碓井郡・多胡郡・緑野郡）と周防国《すおう》吉敷郡《よしき》に俘囚郷、播磨国の賀茂郡と美嚢郡《みなぎ》に夷俘郷などがあるからです。

これら俘囚・夷俘の強制移住は光仁・桓武天皇によるエミシ侵略戦争によって急激に増えました。征夷大将軍文室綿麻呂《ふんやのわたまろ》から日高見国侵攻作戦の報告を受けた嵯峨天皇（在位八〇九―二三）は綿麻呂らに次の様に命じています。「殺害・捕獲した蝦夷はかなりの人数となり、降伏したものも少なくない。新たに捕えた蝦夷は、将軍らの奏に従い、速やかに朝廷へ進上せよ」と命じています（『日本後紀』八一一年）。

俘囚・夷俘の強制移住は、エミシを原住地から切り離して奴隷として使役するためです。賤（奴隷）とされなかった俘囚・夷俘も居住・職業の自由を奪われ、公民（良民）以下の賤民的身分におかれます。

律令国家は移住させた俘囚・夷俘を警察力としても利用しました。『続日本後記』八三九年（承和六）四月二日条によれば、「俘夷」が近衛の兵とともに伊賀国に派遣されて名張郡の山中の偽金作りの群盗およそ一七人を逮捕するという事件が起こっています。また律令国家は移住させた俘囚・夷俘を防人《さきもり》として利用したのです。

このように天皇家と藤原氏は自分たちと人種的・民族的に異なるエミシを公民以下の賤

民的身分においたのです。前九年の役（一〇六二）以降になると源氏（源氏三代、頼信・頼義・義家）も加わります。天皇のエミシ差別意識は天皇（光仁・桓武・嵯峨・清和）たちの勅（天皇の命令）にもよく現れています。

天皇は勅の冒頭に枕詞のように「それ狼子野心《ろうし》」「蝦夷の性は貪欲極まりなく」「夷俘の性、平民と異なり」という言葉を付け加えます。天皇はもとより僧侶の空海は「野陸州《やりく》に贈る歌」（『遍照発揮性霊集』一、岩波古典文学大系七一）の序文に「蝦夷は羅刹《らせつ》（人を食う鬼）の類であって、人間の仲間ではない」と書いています。

また当時の知識人であり学者の菅原道真も「奥州なる藤使君を哭《こく》す」『菅家後集』岩波書店、古典文学大系七二）の中で「辺鄙の住民蝦夷は荒々しい蛮族で、その性質は狼の子のように凶暴である。だから注意して対応しなければならない」と書いています。

それではエミシ（蝦夷）は和人（現日本人の祖先）か、それとも縄文系アイヌなのでしょうか。古代日本国家が新旧二つの渡来集団によって成立したのであれば、エミシもアイヌも先住民であったことになります。したがってエミシとアイヌは侵略・差別の対象となることは必然的と言わなければなりません。エミシの差別はそうした日本古代史の真の姿の証とも言えるのかもしれません。

〈附章〉万世一系天皇の歴史と津田左右吉

Check Point

〈講義のポイント〉

- □ 終戦直後も「皇室典範」改正議論があった
- □ 津田左右吉にも丸山真男にも抜けた視点は
- □ 同じことを繰り返さないためには……

1 「皇室典範」改正論議

昭和二〇年（一九四五）三月、東京帝国大学の法学部部長に就任した南原繁（一八八九―一九七四）は、高木八尺、田中耕太郎、我妻栄、岡義武らとともに終戦工作にかかわりますが、敗戦を迎え、一二月、東京帝国大学法学部部長から転じて総長に就任します。当時、マッカーサーが共産党を攻撃し、吉田茂首相はソ連を含む全面講和論を批判しました。吉田茂は、前年（昭和二一年）三月の卒業式で全面講和を説いた南原繁を、自由党の両院議員秘密総会で「永世中立とか全面講和などということは、言うべくして到底おこなわれないこと」であり、「南原総長などが政治家の領域に立ち入ってかれこれ言うことは、曲学阿世《きょくがくあせい》の徒《やから》にほかならない」と演説します。

対して南原総長は、吉田茂の〝曲学阿世の徒〟に対して「満州事変以来、美濃部博士をはじめわれわれ学者にたいし、軍部とその一派によって押しつけられてきた言葉であり、学問の冒涜、学者にたいする権力的弾圧以外のなにものでもない」と強く反論します。

記者団と会見した吉田首相は「南原君が反論しようとしまいと、それは当人の勝手で、私の知ったことではない。日本としては事実上アメリカなどとの単独講和はすでにできている」と突っぱねます。

南原繁には西欧の政治哲学とキリスト教をバックボーンにした『国家と宗教――ヨーロッパ精神史の研究』（昭和一七年）、『フィヒテの政治哲学』（昭和三四年）などの著作があります。その南原繁（勅選議員、学識のある三〇歳以上の者）は昭和二〇年一二月一七日の皇室典範《こうしつてんぱん》を審議する貴族院本会議で「天皇の自発的退位」の規定を設けることを主張しました。しかしこの南原繁の「昭和天皇の退位を主旨とする案」は反対多数で否決されました。

のち南原繁と丸山真男と福田歓一の対話記録『聞書き 南原繁回顧録』（東京大学出版会、一九八九年）が出版されます。その内容の一部を次に紹介します。

「天皇問題について伺いたいのですが、『皇室典範』の改正で先生は天皇退位の問題をあらためて主張されたと思います。それはどういうご趣旨ですか」福田歓一。

「それは、次の第九一回帝国議会、昭和二一年の一二月のことです。新憲法の成立にともなって、『皇室典範』の改正が企てられた。しかも、これが議会の自由な討議に付せられた。これは全く歴史的事件です。ここで、他の点は自由な民主的精神で一新されているのに、ひとり『皇位継承』については退位ないし譲位の規定が欠けている。私はこの点を問題にしたわけです。さきにも申し上げた通り、その基本は天皇の道徳的・自由意志を尊重せよということにあります。それにもとづく天皇の進退が行われなければ、日本の道義的・精神的礎石は据えられない。それには典範自身のなかでその道を開いておかないことにはどうしようもないですからね。ところが、典範でその途を閉鎖している。その点においては古い皇室典範と変らなかった。人間天皇は依然として自由意志のないという結果になったわけですね」南原繁。

同じ頃、近衛文麿と憲法改正案の作成に取り組んでいた同じ勅選議員の京都帝国大学法学部教授の佐々木惣一も同審議会で女子の皇位継承を認めていない皇室典範について質問をしています。このような本質的な議論がなされたのも、公職追放のため貴族院議員が足りなくなり、多くの学者が学識経験者として貴族院議員に選ばれたからです。昭和二二年、大日本帝国憲法の廃止と日本国憲法の施行によって、貴族院は廃止され新設された参議院に引き継がれます。

皇室典範とは日本国憲法第二条及び第五条に基づき、皇位継承及び摂政に関する事項を中心に規律した皇室に関する法律ですが、大日本帝国憲法と同時に裁定（勅定）された旧皇室典範（大日本帝国憲法）の第二条の「皇位ハ皇室典範ノ定ムル所ニ依リ、皇男子孫之ヲ継承ス」とほとんどかわりません。現在の「皇室典範」（昭和二二年一月一六日法律第三号）の第一条「皇位は皇統に属する男系の男子がこれを継承する」はよく知られています。ちなみに日本国憲法「前文」にあたる大日本帝国憲法の「上諭《じょうゆ》」は「朕祖宗《ちんそそう》の遺烈《いれつ》を承《う》け万世一系《ばんせいいっけい》の帝位を践《ふ》み朕か親愛する所の臣民《しんみん》は……」とあります。

続いて「第一条、大日本帝国は万世一系の天皇之を統治する。第二条、皇位は皇室典範に定むる所に依り皇男子孫《こうだんしそん》之を継承す。第三条、天皇は神聖にして侵すべかからず。第四条、天皇は元首にして統治権を総攬し此の憲法の条規に依り之を行う」とあります。また、大日本帝国憲法の一条から四条にあたる日本国憲法は「第一条、天皇は、日本国の象徴であり日本国民統合の象徴であって、この地位は、主権の存する日本国民の総意に基く。第二条、皇位は世襲《せしゅう》のものであって、国会の議決した皇室典範《てんぱん》の定めるところにより、これを継承する。第三条、天皇の国事《こくじ》に関するすべての行為には、内閣の助言と承認を必要とし、内閣が、その責任を負う。第四条①、天皇は、この憲法の定める国事に関する行為のみを行い、国政に関する機能を有しない。②天皇は法律の定めるところにより、その国事に関する行為を委任することができる。」とある。

2　不敬罪事件

さて、一九四六年（昭和二一）四月一日発行の『世界』四月号に津田左右吉（一八七三―一九六一）は「建国の事情と万世一系の思想」を発表します。ちょうど第一回衆議院選挙が行われる頃です。津田左右吉といえば昭和一五年（一九四〇）二月一〇日『古事記及び日本書紀の研究』が発禁処分にされ、「皇室の尊厳を冒涜する罪」で岩波書店の創業者とともに起訴されたことで有名です。「不敬罪事件」とも呼ばれています。この年は紀元二千六百年の式典が大々的に行われました（本書第Ⅰ章1を参照）。

岐阜県美濃加茂市に生まれた津田左右吉は東京専門学校（現早稲田大学）を卒業後、千葉の中学校教員→満鉄東京支社の満鮮地理歴史調査室研究員（研究長は白鳥庫吉）を経て大正七年（一九一八）に早稲田大学で講師として東洋史、東洋哲学を教えます。

翌年には『古事記及び日本書紀の新研究』を発表し、大正九年（一九二〇）に早稲田大学文学部教授になります。津田は大正一三年の『神代史の研究』で、前著と同じように神武天皇以前のいわゆる「記紀」の神話関係の部分は後世の潤色《じゅんしょく》が著しいとして史料批判を行います。

昭和一五年（一九四〇）二月一〇日、時の政府（米内光政内閣、文武大臣松浦鎮次郎）は、『古事記及び日本書紀の研究』『神代史の研究』『日本上代史研究』『上代日本の社会及思想』の四冊を発売禁止の処分にします。ちなみに津田は同年一月文部省の要求により早稲田大学教授も辞職します。

津田と出版元の岩波茂雄は同年三月に「皇室の尊厳を冒涜した」として出版法（第二六条）違反で起訴され、昭和一七年五月津田は禁固三ヵ月、岩波は二ヵ月、ともに執行猶予二年の判決を受けます。津田は控訴しますが、昭和一九年（一九三九）時効、免訴となります。

ところで先の昭和二一年四月号の『世界』に掲載された津田左右吉の「建国の事情と万世一系の思想」の話に戻ります。一九四五年はじめに創刊された雑誌『世界』の初代編集長は吉野源三郎です。

創業者の岩波茂雄は『世界』四月号が発売された一ヵ月後の一九四六年四月二五日に脳溢血の後遺症で亡くなります。雑誌『世界』の創刊から五月頃までの一九四六年という年は、まさに激変の政治社会状況の中にありました。

一月一日の天皇による神格否定の宣言に始まり、GHQによる公職追放、二月の農地改革、自由党総裁鳩山一郎による反共国民戦線の提唱、幣原政府とGHQとの憲法改正の虚虚実実の交渉などを経て、四月一〇日には新選挙法による戦後初の衆議院選挙が行われ、五月三日に極東軍事裁判が東京市ヶ谷で開廷されました。

3　万世一系の思想

『世界』四月号に津田左右吉が発表した約三万二〇〇〇字に及ぶ論文「建国の事情と万世一系の思想」は、二〇〇頁の単行本の三分の一ほどになります。家永三郎によれば津田左右吉は後の単行本や全集などへの収録を考慮して、徹底した補筆修正を行っています。

したがって雑誌『世界』に掲載された発表当時の論文からではなく、『津田左右吉全集第三巻』（『日本上代史の一研究』の巻末付録）から引用します。私の要約が物足りないようであれば、県立図書館か市・区立図書館クラスであれば見ることができます（傍点は引用者林による任意）。

日本国家は日本民族という一つの民族によって形成された。この日本民族は近いところに親縁の民族をもっていない。本土の東北部に全く人種の違うアイヌ（蝦夷）がいた。日本民族の原住地も移住の道筋もまったくわからない。南方から海を渡ってきたという説もあるが、日本民族は遠い昔から一つの民族として生活してきたのであって、民族の混和によって形づくられたのではない。

日本民族は多くの小国家にわかれていたが、政治権力と宗教権力も有していた。日本民族の存在が世界的意義をもつようになったのは、九州西北部の小国家が海を渡って朝鮮半島を西北部に進み、当時、その地方に進出していた中国人と接触してからである。中国の文物を受け入れることによって、九州地方の小国家は権威を高め、富をたくわえ、朝鮮半島を背景にした諸君主の間にしだいに力の差が生じた。

三世紀頃ヤマト（邪馬台、今の筑後の山門）の女王卑弥呼がほぼ北九州全域を支配するようになった。九州地方の諸君主が得た製品や技術は、瀬戸内海航路を経て近畿地方に伝わった。近畿地方を領有する政治的勢力は、ヤマト（大和）の皇室を祖先とする君主であることはほぼ知られている。その勢力がどれだけの範囲であり、いつからの存在であり、どのようにしてうち立てられたのかわからない。二世紀頃にそのような勢力が存在したらしい。

大阪湾岸地域を勢力範囲に含む大和は、瀬戸内海航路によって北九州と行き来した。皇室を祖先に持つ大和小国家は、いつの時からか北九州地方の小君主を服属させ、統御し、直接の領土として治めたと考えられる。

三世紀になると大和の君主が東は東北地方、西は出雲地方に領土を拡大した。これは西からの新しい文物の利用と技術の獲得によるところが大きいが、いわゆる創業の主に相当する君主の力にもよる。

創業の主は険要の地大和と肥沃な淀川の平野と海路の要地を有し、諸小国の上に君臨するようになる。四世紀になるとアジア東北部の遊牧民が朝鮮半島の中国人の政治勢力を駆逐したので、邪馬台国の君主はその頼るべき力を失った。

その機に乗じて大和勢力は九州に進出して彼らを服属させたのである。さらに南九州のクマソなどの諸小国を服属させた大和勢力は、東北のアイヌ（蝦夷）を含めて日本民族の住地のほとんどを支配下におさめた。

神武東征はけっして歴史的事実を語ったものではない。私の考えでは皇室の基礎が固まった六世紀のはじめ頃、日本民族が皇室のもとに統一されてから、かなり歳月を経た後、皇祖が太陽としての日の神とさせられ降り立つ地を日向としたために大和と日向を結びつける東征神話をつくったのである。

国家統一はどのような方法でおこなわれたのだろうか。もともと日本民族が多くの小国家にわかれていても、その間に絶えざる戦争があったというのではなく、武力的競争によってそれらの国家が存在したのではなかった。皇室は多くの君主を服属させることができたのは、皇室がもともとそれら小国家君主の家の一つであったからであるが、その勢力の発展は戦争によるものではなかった。

万世一系の皇室という観念が生じまた発達した歴史的事情は、次のようなことが考えられる。一つは皇室が日本の外から来てこの民族を征服しそれによって君主の地位と権力を得たのではない。民族の内から起こって次第に周囲の諸小国を服属させたのである。二つ目は異民族との戦争はなかった。日本民族は島国に住んでいたために、同じ島に住んでいたアイヌの外に異民族はいないし、また、四世紀から六世紀にかけて朝鮮半島および中国大陸は群雄割拠の時代であった。彼らは海を渡ってこの国に進撃してくるようなことはなかった。

三つ目は、日本の古代には政治らしい政治、君主としての事業らしい事業はなかった。天皇は自ら政局に与ることがなかったから、皇室の失政と事業の失敗もなかった。朝鮮半島の経営は大伴氏や物部氏が行っていた。国家の大事は朝廷の重臣が処理したので、天皇には事業の失敗もない。四つ目は天皇の宗教的権威である。天皇は武力をもってその権威と勢力を示すことも、また政治の実務に与ることもなく、それは別の力、すなわち宗教的任務をになうことであった。

天皇の宗教的地位というのは、民衆のためにさまざまな呪術や神の祭祀を行うことであり、そのようなことを行うことから天皇は「現つ神」と言われたことの遠い淵源と歴史の由来はここにある。「現つ神」は国家を統治する、すなわち政治的君主としての天皇の呼称である。五つ目は天皇の文化的地位である。海外の文物を通して皇室は新しい文化の指導的な地位に立ったのである。

皇室が永久でありまたあらねばならぬという思想は、そのすべては神代の物語に反映している。神代の物語によって、皇室をどこまでも皇室として永久にそれを続けていこう、またいかねばならぬという当時のまたそれに続く時代の朝廷に権力をもっているものの欲求と責任感が表現されているのである。

皇室が永久であらねばならぬという思想は、時勢が移り変わっても同じであった。親政が行われたのは極めてまれな例外であった。大化の改新と律令の制度においては天皇の親政が定められたが、その定められた時は、実は親政ではなかったのである。事実上、政権を掌握していたのは、改新前の蘇我氏なり後の藤原氏なり平氏なり源氏なり足利氏なり豊臣氏なり徳川氏であった。このように天皇が親政でなかった点ではみな同じである。

日本の皇室は日本民族の内部から起こって日本民族を統一し、日本の国家を形成してその統治者となった。皇室は高いところから民衆を見下ろしてまた権力をもってそれを圧服しようとしたことは長い歴史のなかで一度もなかった。皇室は国民の外部にあって国民に対立するのではなく。国民の内部にあって国民の意志を体現し、国民と調和しているのである。

国民が国家のすべてを主宰することになれば、皇室は自ずから国民の内にあって国民と一体になる。具体的にいうと、国民的結合の中心であり国民的精神の生きた象徴であるところに皇室の存在の意義があることになる。こうして国民の内部にあるが故に、皇室は国民と共に永久であり、国民が父祖子孫相承けて無窮に継続すると同じく、その国民と共に万世一系なのである。

4　戦後政治状況と津田左右吉思想の齟齬

吉野源三郎の『職業としての編集者』（岩波新書、一九八九年）によれば、吉野が疎開先の岩手県平泉にいる津田左右吉を訪れたのは、一九四六年三月のことです。その顛末はこれから述べるように編集者が抱えなければならない難題中の難題でした。

というのは一九四六年正月から『世界』創刊号の発行を決めた吉野源三郎は、前年の秋、新しい雑誌のため津田左右吉に「日本史の研究における科学的方法」をテーマにした原稿を依頼していたのです。連合国軍司令官マッカーサーの承認をもとに発表された「天皇の人間宣言」を吉野源三郎は知らないわけではありません。

津田の原稿が一九四六年の一月と二月の二回にわけて送られてきました。津田の手紙によれば、原稿は予定より超過して二回分になり、前半は予定の「日本歴史における科学的態度」で後半は「建国の事情と万世一系の思想」という表題です。たがいに関連していて一つの論述になっています。

結果として前半は三月号で後半は四月号で発表することになりますが、問題は後半の「建国の事情と万世一系の思想」です。当時の政治状況は軍国主義者の公職追放、右翼団体の解散、野坂参三の中国延安からの帰国と山川均による人民戦線の結成など共産、民主主義勢力が勢いづいていました。

街頭でも室内でも共産党の演説者になると、途中から「天皇制をやれ！」「天皇制をやれ！」と聴衆は騒ぎ立てるほどでした。吉野は津田におよぶ身の危険や将来の学究生活のことを考えると夜も眠れず、ついに友人の歴史学者羽仁五郎（一九〇一―一九八三）に半ば期待半分で相談することにしました。しかし羽仁は原稿を読み終えると、激するように「こんな原稿は没にしてしまえ」と言い放ったといいます。

津田は書き直しには同意しませんでしたが、吉野が津田に宛てた手紙を編集部からの報告として四月号の巻末に載せることについては了承しました。吉野の書簡は同じ『世界』

四月号巻末に「津田博士『建国の事情と万世一系の思想』の発表について」と題して掲載されます。その書簡は四〇〇字詰原稿用紙にして約二五枚に達する分量です。

その内容は「先生の御論説の後半（四月号掲載の分）の特に最後の方で触れておられます天皇ならびに皇室に関する問題は、今日では極めて重要な政治問題となってきております。いわゆる天皇制の問題として、様々な論議が国内はもちろん国外においても活発に行われ、国民の重大な関心事となっていることは申すまでもありません」と津田の論文の影響を心配したものでした。

5　家永三郎の指摘

このようにして四月号が発売され、予想通り大きな反響を呼んだが吉野の杞憂した事態にはなりませんでした。というのは四月号発売の前に懸案の新憲法草案（三月三日のGHQ案）が発表され、マッカーサーがそれを支持する声明を発表しました。家永三郎は『世界』の編集者吉野源三郎と著者津田左右吉の間に起きた問題を『津田左右吉の思想史的研究』で次のように分析しています。

戦後における津田の思想的立場は『世界』の編纂者とのこうした意見の交換を通じ、端的に社会に明示されたのであるが、それは、一面津田の戦前の思想と論理上一貫したものであるとはいえ、他面戦前の津田の著作における力点配置の全体構造に照らすならば、「意外」の感を生じせしめるもののあったこともまた否定しがたい。そこには、連続一貫している面と新しく変化した面との両面が含まれていたのである。

戦前の津田が天皇制の観念的支柱とされている『記紀』への徹底的批判を遂行したのは、皇室の起原に関する没理性的神秘主義的教説が、近代日本において、決して皇室と国民との関係を維持するに適切でないと判断し、天皇制の近代化合理主義化をはかったものであり、同時に政治を民主化し、天皇を政治の責任の衝から解放して「国民的精神の生ける象徴」たらしめるのが津田の念願であった。

敗戦後、占領軍は、天皇制を温存する政策をとると同時に、非合理的国体観念を一掃する方針をとった。昭和二一年一月一日の詔書で、天皇自ら「朕ト爾等国民トノ間ハ終始相互ノ信頼ト敬愛トニ依リテ結バレ、単ナル神話ト伝説トニ依リ、生ジタルモ

ノニ非ズ」と宣言することになった。(中略)

問題の津田論文は、新憲法草案発表前に書かれたものであるから、「象徴」天皇制の成立を前提としていないけれど、すでにポツダム宣言受諾以来、天皇制の合理化は不可避の大勢にあり、結果から言うと、多年津田の持論としてきた「象徴」としての天皇制が憲法に明文化されるという、津田の戦前以来の天皇観を名実ともに現実化することになったわけである。

天皇制に対して、もはや津田はその合理化のための論議の必要を失ったのであるが、その反面、敗戦後における連合国側ならびに国内急進派から提起された天皇制批判の主張は、皇室を心から敬愛する津田の憂いを深からしめるものがあった。天皇制否定の声は、合法政党として公然と活動を開始した共産党をはじめ、いろいろな方面からあがってきた。

津田がかつては最大の論敵として常に念頭においていた非合理的国体論の社会的勢力が退き、天皇制否定論が代わって思想界に公唱されるにいたって、おのずから津田は天皇制否定論者と対決せざるをえない状況になったのである。津田が一見「意外」との印象を与えるような熱情的積極的な天皇制擁護論を展開するにいたった心理的根拠は、このような客観情勢の変化にともなう津田の位置の変化を前提としたとき、はじめて十分に理解できるのではあるまいか。

6　丸山真男の「超国家主義の論理と心理」

さて、次に津田の論文発表直後の『世界』（五月号）に「超国家主義の論理と心理」を発表して戦後思想のリーダーとなった丸山真男（一九一四―一九九六）と津田左右吉との関係について話しておきます。一八七三年（明治六）生まれの津田左右吉と一九一四年（大正三）生まれの丸山真男は、四一歳の年齢差があるばかりか、学歴、環境、研究テーマが対照的です。

津田はほとんど独学で早稲田大学の講師となり教授となった半アカデミックな研究者です。ジャーナリストを父にもつ大阪生まれの丸山真男は、四谷第一小学校→府立一中（日比谷高校）→一高→東京帝国大学法学部を経て、一九四四年東京帝国大学法学部助教授で陸軍二等兵として召集されます。

丸山真男は陸軍二等兵として召集されて朝鮮半島に送られたのはよいとして、その後、脚気のため除隊となり東京に戻ります。しかしその四ヵ月後の一九四五年三月に再召集を受けて、こんどは広島宇品《うじな》の陸軍船舶司令部へ二等兵として配属され、原子爆弾投下地点が司令部から五キロメートルの距離にあったことから命は助かったものの、被爆するというドラマチックな体験をします。

丸山真男が戦後民主主義のオピニオン・リーダーとして知られるようになったのは、津田左右吉の論文に続いて発表した『世界』五月号の「超国家主義の論理と心理」です。『世界』四月号の津田論文で大きな衝撃を受けた吉野源三郎は、丸山真男と仕事上から信頼関係にあったので、共産党や民主主義勢力の批判をかわすためにも丸山真男しかいないと考えたのです。

丸山も吉野の意図を理解していました。しかし、丸山は意識的に「超国家主義の論理と心理」で津田の弁護も解説もしていません。この点、丸山真男は父の影響を受けてジャーナリスティックな感覚を身につけています。

丸山真男が「超国家主義の論理と心理」で展開した分析手法け、丸山自身の言葉を借りれば、アメリカの社会心理学や政治学の象徴論やコミュニケーション論です。丸山真男が

「超国家主義の論理と心理」のなかで津田左右吉を婉曲《えんきょく》に批判している箇所を探すとすれば、最終節の次のような文言と言えるでしょう。しかしこの文言が具体的にどのような史実にもとづく解釈であるのか、わかるようでよくわかりません。

天皇を中心とし、それからのさまざまな距離に於いて万民が翼賛するという事態を一つの同心円で表現するならば、その中心は点ではなくて実はこれを垂直に貫く一つの縦軸にほかならぬ。そうして中心からの価値の無限の流出は、縦軸の無限性（天壌無窮の皇運）によって担保されているのである。

丸山真男と津田左右吉の論文「建国の事情と万世一系の思想」の類似性をみつけるとすれば丸山真男の論文「超国家主義の論理と心理」より、むしろ講義録をまとめた『丸山真男講義録第四冊』（日本政治史一九六四）に収録された「第二章　古代王政のイデオロギー的形成――三　アマテラス（日神）カリスマ」の次の箇所でしょう。

アマテラスは本居宣長のいうようにまさに太陽神であるが、そこには二重の象徴化がある。〔第一に〕万物の化育者、とくに農業生産に必須であり、穀霊は太陽の宿ったもの、太陽の子であるという観念を通して、太陽と結びつく、〔第二に〕宇宙（高天原）の中心〔シンボル、こちらは〕はむしろ後の哲学的思弁の加わった観念であろう。

天孫降臨神話はいうまでもなく、一方でヤマト族団内部における天皇家の最高権威性を正当化すると同時に、他方で、日ノ神を守護神とするヤマト族団が他の地方豪族を征服統合して、ヤマト国家の全国統一に成功した過程を正当化するという二重のイデオロギー的意味を帯びて構想されたものであるが、いつ頃いかにしてアマテラスが皇室のいわば独占的祖神となったかわからない。

ただ推定されることは、まず、降臨神話の形のような日ノ神と皇室との関係づけが構想され、ついで太陽が宇宙の中心であるというところからして、アマテラスの淵源をさかのぼって宇宙開闢神話へと発展させたものであろう。いずれにしても穀霊崇拝の広汎な分布が、こうした政治的統合過程を下から支え、比較的スムーズに成功させる基盤となったと考えられよう（略）。

こうしてやがてアマテラスの神聖性は、律令体制の成立以後〈とくに壬申の乱の平定後〉、次の二重の意味で天皇支配のもっと重要な正当性根拠となっていくのである。

第一に、天皇の一身の神聖性〈の根源〉であって、宇宙の中心たる太陽神、天照大神の子孫たることに根拠づけられる。『書紀』の〈アマテラス誕生の際の記述〉「……何《いか》にぞ天下の主たる者を生まざらんやと。是に共に日神を生みます。大日孁貴《おおひるめのむち》と号《まお》す。此の子《みこ》、光華明彩《ひかりうるはしく》、六合《あめつち》の内に照り徹せり」の語句にうかがわれる。

第二には、天皇家の大八洲国にたいする統治権の正統性である。これはアマテラスが、降臨するニニギに下した天壌無窮の神勅に根拠づけられる。いわく、「豊葦《とよあし》原《はらの》千五百秋之瑞穂《ちいほあきのみずほ》国はこれ吾が子孫の王たるべき地なり。宜しく爾皇孫《いましすめみま》就《ゆ》きて治《しら》せ。行矣《さきくませ》、宝祚《あまつひつぎ》の隆《さか》えまさんこと、当に天壌《あめつち》とともに窮《きわまり》無かるべし」と。こうして天照大神の皇孫の日本国にたいする永遠無窮の統治権が、被統治者の意志にかかわりなく、アプリオリに定まったことが示されたのである。

7　天皇機関説と右翼の攻撃

丸山真男が発表した一九四六年（昭和二一）の『世界』五月号に掲載された「超国家主

義の論理と心理」は、案の定、朝日新聞の書評により、丸山曰く「呆れる」ほどの反響を呼びました。この論文は未来社刊行の『現代政治の思想と行動』の「第一部　現代日本政治の精神状況」のトップに収録されています。

ところで丸山真男と津田左右吉の具体的な関係とはいったいどのようなものだったのか。二人の関係については、立花隆が『天皇と東大』（下巻、文藝春秋、二〇〇五年）で「『大逆』と攻撃された津田左右吉の受難」と題して、軍部と結託した右翼国家主義者の蓑田胸喜（一八九四―一九四六）をはじめとする「原理日本」グループとそれと結びついた貴族院議員国粋主義者による津田左右吉への攻撃の実態を紹介しています。

蓑田らは「万世一系の天皇天祖の神勅」の名のもとに、天皇機関説を唱える大学教授を全国の教壇から追い払うことに成功します。余勢を駆った蓑田グループがその矛先を東大に向けます。蓑田らによれば、東京帝国大学法学部こそ反国体の中枢であり、容共教授の巣窟です。美濃部達吉が提唱した天皇機関説は一九〇〇年（明治三三）代から一九三五年（昭和一〇）頃までの三〇年あまりにわたって憲法学の通説とされました。

憲法学者の宮沢俊義著の『天皇機関説事件（上）』には「国家学説のうちに、国家法人説というものがある。これは、国家を法律上ひとつの法人だと見る。国家が法人だとすると、君主や、議会や、裁判所は、国家という法人の機関だということになる。この説明を日本にあてはめると、日本国家は法律上はひとつの法人であり、その結果として、天皇は、法人たる日本国家の機関だということになる」とあります。

しかし国家主権説は君主主権説とも国民主権説とも両立できるので要注意です。天皇機関説事件とは次のような経過をたどっています。一九三五年二月一八日の貴族院本会議の演説で菊池武夫議員（男爵議員・陸軍中将）の「天皇機関説は国体に背く学説であり、反逆にあたる」という演説に対して、同年二月二五日美濃部達吉は次のような釈明演説を行っています。

……いわゆる機関説と申しまするのは、国家それ自身を一つの生命であり、それ自身に目的を有する恒久的の団体、即ち法律学上の言葉を以て申せば、一つの法人と観念いたしまして、天皇はこれ法人たる国家の元首たる地位に在しまし、国家を代表して国家の一切の権利を総攬し給い、天皇が憲法に従って行わせられまする行為、即ち国家の行為たる効力を生ずるということを言い表すものであります。

言ってみれば美濃部達吉の機関説は君主機関説に該当します。したがって質問者の菊池武雄は美濃部の弁明に納得しています。しかし美濃部達吉議員は同年九月一八日に貴族院議員を辞職し、翌年、右翼暴漢に銃撃され重傷を負っています。この事件を契機に一九三七年（昭和一二）、文部省は『国体の本義』を制定して全国の教育機関に配布しました。

8 『聞き書　南原繁回顧録』

話は丸山真男と津田左右吉の関係に戻ります。熊本県八代郡生まれの蓑田胸喜は第五高等学校（五高）から東京帝国大学法学部に入学します、途中、文学部宗教学科に転学して姉崎正治《あねさきまさはる》（宗教学者。一八七三―一九四九）に師事します。大正一一年（一九二二）四月に慶應義塾の予科教授となり三井甲之らと原理日本社を創立します。

のち国士館専門学校の教授となります。美濃部達吉の天皇機関説事件に始まる大学粛清運動の理論的指導者となり、津田左右吉の東大における講義妨害にも関係しました。一九四四年郷里熊本県八代に疎開し、終戦直後の一九四六年一月三〇日首を吊って自殺します。

『聞き書　南原繁回顧録』（東大出版会、一九八九）によれば、東京帝国大学法学部では昭和一四年三月秋から新しく東洋政治思想史の講座を開くことになります。当時、法学部教授南原繁は助手丸山真男の指導教官でした。『聞き書　南原繁回顧録』は南原繁と丸山真男と福田歓一による当事者による対談形式をとっています。立花隆の『天皇と東大』もこの本を参考にしています。

南原繁によれば、当時、丸山真男に「政治学史をやってもポストはない。近頃日本精神とか皇道とか盛んにいわれているが、科学的な研究はほとんどされていない。東洋の政治思想をやる人が出てこなければならない」と言ったという。南原教授曰く「丸山君が一人前になるまで、だれか講師を依嘱して講座を開こう」ということになったというのです。その頃、津田左右吉は早稲田大学で哲学の講座を担当していました。

丸山真男によれば津田の説は歴史学界のなかでは傍系です。官学アカデミーの大勢は津田説に批判的で、むしろ歴史畑以外のジャンルにいるものに人気がありました。津田左右吉の東大における講義は「先秦時代の政治思想」という題で五回ほど続きます。

ところが最終回の講義で、津田左右吉が「これで講義を終わります。何か質問ありませんか」と言ったとたんに、方々から一斉に手があがります。明らかに組織的な攻撃です。

彼らは一高の昭信会を中心とする「学生協会」の三井甲之や蓑田胸喜を指導者とする学生右翼団体でした。

丸山は「講義内容をはずれた質問をするのは失礼じゃないか」といって、津田を抱きかかえるようにして講師室に戻りました。しばらくして二人はそこを出ます。外は雨が降っていました。丸山は何ともいいようのない気持になったといいます。

二人が本郷一丁目の食堂森永で食事した時は、夜の八時か九時頃でした。その時、津田は「ああいう連中が日本の皇室を滅ぼしますよ」とポツリと言います。丸山には本当に皇室を思って言っている津田左右吉の気持ちがはっきりと伝わってきました。

丸山は南原繁との対談で、当時のことを回想して「ぼくには、正直なところ、それほど尊皇心がないんですね。ですから、かえって先生のその言葉を非常によく覚えている」と語っています。「津田先生のその言葉は真実、真情ですね。もともと先生の古典研究は、文献を分析批判し、合理的解釈を与えるという立場にあるし、古事記・日本書紀が歴史的事実としては曖昧であり、物語・神話にすぎないと主張されたにすぎない。先生の主眼とした国民思想の研究を読めば、国を思い、皇室を敬愛する情に満ちた先生を見出すことは、誰にでもできることだと思います」と南原繁。

〈注〉本項は『アマテラスの正体』（林順治、彩流社、二〇一四年）序章の前半部分の「戦後第一回の衆議院議員選挙」と「日本国憲法公布」の部分を削除し、加筆修正したものであることをお断りしておきます。

9 象徴天皇制と現在の天皇生前退位論

津田左右吉が『世界』（一九四六年四月号）に発表した「建国の事情と万世一系の思想」や、その翌月号の『世界』（五月号）に発表した丸山真男氏の「超国家主義の論理と心理」は、四四年後に在野の古代史研究者石渡信一郎氏が明らかにした命題「朝鮮半島からの新旧二つの渡来集団による日本古代国家の成立」（『応神陵の被葬者はだれか』一九九〇年）の歴史認識がまったく欠落しています。

あえて言うならば、石渡信一郎氏の命題（仮説）は戦後の象徴天皇制（敗戦国日本の国家再生の時代）になってからの最大の成果です。神経症の研究を通して世界的にその名を知られたユダヤ人ジークムント・フロイト（第二次世界大戦の始まる一年前の一九三九年、八三歳で死去。ヒトラーのオーストリア侵略によりイギリスに亡命）は、最晩年の著作『モーせと一神教』で「国家の形成は個人の形成と類似している」と指摘しました（拙著『象徴天皇の日本と〈私〉1940—2009』参照）。

石渡信一郎氏はいみじくも「古代天皇制が、現在の象徴天皇制と深いかかわりがあり、象徴天皇制の存否が将来日本の大きな政治問題になるだろう」と予告しています。現に今、天皇の生前退位の発言（平成二八年＝二〇一六年七月一三日のNHKを通して生前退位の意向、八月八日の〝お言葉〟）以来、新聞・テレビは「皇室典範改正・非改正、憲法改正の是非」の話題で大騒ぎの状況です。

つい最近のNHKテレビ国会中継（二〇一七年一月二六日「衆議院予算委員会質疑」）で、次のような場面を見ました。「何の権限もない有識者会議で勝手に方向性を出すのは憲法のあり方に反する」と細野豪志議員（民進無所属クラブ）。対して安倍首相は「これからの皇族、皇室、日本のあり方を視野に入れ思慮を重ねる必要がある。論点を整理したものを衆参両院議長に渡した。参考にしてほしい」と答えています。

翌日の朝日新聞（二〇一七年一月二七日）は、〝「静かな議論」ほど遠い総意〟という見出しで「とりわけ衆参各院で過半数を占める第一党の責務は重い。このまま静かに結論が導きだされるならば〝総意〟とはほど遠く、国会への信頼を基礎にした特例法（天皇退位）の前提も崩れかねない」という記者（二階堂有紀）の署名記事を載せています。

ちなみに初期律令国家（七〇〇年代）の指導者藤原不比等がつくった国家形成の神話が、明治二二年（一八九九）の大日本帝国憲法の告文「天壌無窮」「神ノ宝祚ヲ承継」と第一条の「大日本国帝国ハ万世一系ノ天皇之ヲ継承ス」、そして第二条の「皇位ハ皇室典範ニ定ムル所ニ依リ皇男子孫之ヲ継承ス」に受け継がれています。

また明治天皇自ら国民道徳の形成を呼びかけるという特異の形式をとった「教育勅語」は明治憲法が公布された翌年に発表されますが、初期律令国家によって創作された聖徳太子の「一七条憲法」に酷似しています。

ご存知のようにヒロシマ・ナガサキの後、連合国軍司令官マッカーサーは日本国憲法の作成に着手し、日本および日本国民は無条件降伏によってマッカーサーの平和憲法＝象徴天皇制を受け入れたのです。絶対的な勝利者マッカーサーの意図は明らかです。軍人マッカーサーにとって必要なのは、もはや戦争ではなく、永続的な支配のための象徴天皇と日本国民でした。

しかし敗戦国日本＝象徴天皇制（＝対米従属）の「日本」も、七〇年も経つと世代もガラリと変わります。『永続敗戦論——戦後日本の核心』（太田出版、二〇一三年三月）の出版によって多くの知識人に衝撃を与えた白井聡氏（一九七七年生まれ）は、ちょうど今年（二〇一七）で四〇歳です。白井氏は内田樹《たつる》氏（一九五〇年生まれ）との対談（『日本戦後史論』徳間書店、二〇一五年二月）の最後の箇所で次のように語っているのが印象的です。

「否認」（敗戦）という概念は、フロイトの精神分析学に起源を持ちます。私はそれを歴史分析に応用してみたわけです。重要なのは「否認」が昂じた状態とは、明白な病的な状態だということです。これを治すことは簡単ではない。しかしそうした病的状態が存在すること、これを認めることから話は始まるわけです。かつ、永続敗戦レジームの中核層やその支持層こそ、この病気を深く患っているわけです。

もはや私たちは一九八〇年代生まれの若い世代から教えられるようになったのです。石渡信一郎氏の命題「朝鮮からの新旧二つの渡来集団による古代日本国家の形成」の解釈にフロイトの神経症発生の理論を適用している私にとって、白井聡氏は共通の歴史認識を持つ有力な仲間であり、希望の星です。なお白井聡著の『未完のレーニン――〈力〉の思想を生む』（講談社選書メチエ、二〇〇七年五月）は、レーニンの『何をなすべきか』とフロイトの『モーセと一神教』を論じた秀逸の本です。

私たちがまず「否認状態」を認めた先にこそ、新しい形の天皇制があるのかもしれません。

おわりに

このたびの『日本古代史集中講義——天皇・アマテラス・エミシを語る』は塚田敬幸さんにお世話になります。彩流社で営業・編集を経験した塚田さんは「えにし書房」を立ち上げ、今は靖国神社に近いビルの一室に事務所をかまえています。

私は塚田さんの部屋から見える大村益次郎の銅像をみて〝あれがロシアの導きの星と呼ばれた詩人アレクサンドル・プーシキンだったらいいねえ〟とつぶやきます。塚田さんは静かに〝そう〟と応えます。塚田さんは物わかりがよく、好奇心が強く、決断の早い人です。

ちなみに「えにし」という単語が珍しいので辞書で調べてみると、〝えにし〟は「縁」（えん、関係）＋「し」（副助詞）とあります。いかにも塚田さんらしいのですが、本人には直接聞いてはいません。何かほかに意味があるのかもしれません。

私にはこれまで二三点の著作がありますが、そのうち一八点が彩流社からの出版です。

そしてその一八点のうち次の四点、『アマテラス誕生』『武蔵坊弁慶』『隅田八幡鏡』『天皇象徴の日本と〈私〉』が塚田さんの編集担当です。一四点は代表の竹内淳夫さんに面倒をみてもらいました。そこらあたりの事情を『アマテラス誕生』（二〇〇六年六月）の「あとがき」に次のように書いています。

本書の出版にあたっては、彩流社の塚田敬幸さんにお世話になっている。社長の竹内さんがとても忙しいので、若い塚田さんに代わってもらった。塚田さんは私の息子とちょうど同じ年頃だから何となく気楽に話せる仲だ。今回の執筆はワープロ入力からパソコン入力に切り替えたので、彼に教えてもらおうという魂胆もあった。「あとがき」は明日彼にわたすつもりだ。私はこの「あとがき」に、さらに輪をかけ、尾ひれをつけて彼に話すことを今から楽しみにしている。要領のよい彼の適切な受け応えは私の知的作業にとても有効な刺激となるからです。

私は本を売るために七回出版パーティーを開きました。一言で言いますと厚い本は売りやすいからです。書き手としては無名であるばかりか、〝ネット不況〟の始まりとともに、本が急激に売れなくなりました。間もなく池袋の芳林堂もなくなり、銀座の旭屋も撤退しました。自分の周辺の知り合いの応援と協力が必要だったのです。それに私には三一書房に途中入社する前にアメリカ式直接販売（歩合制）の厳しい経験がありました。

塚田さんが私の出版パーティーを手伝ってくれた七冊の本を順番にあげますと、『馬子の墓』（二〇〇一）→『義経紀行』（二〇〇二）→『漱石の時代』（二〇〇四）→『ヒロシマ』（二〇〇五）→『アマテラス誕生』（二〇〇六）→『武蔵坊弁慶』（二〇〇七）→『隅田八幡鏡』（二〇〇九）です。『アマテラス誕生』（並製、二三〇頁）をのぞく、六冊の平均頁は六三〇頁（四六上製、一頁一九行×四五字＝八五五字。八五五字×六三〇頁＝五三万八六五〇字）です。

新書版（一六行×四〇字＝六四〇字。六四〇字×二二〇頁＝一四万八〇〇〇字）の約四冊分です。『ヒロシマ』にいたっては七一〇頁ですから約六〇万七〇〇〇字ありました。パーティー司会者の船瀬俊介さんは〝レンガのように厚い本です〟と参席者の笑いを誘いましたが、私は〝眠くなったら枕にして下さい〟と応えました。

このようにレンガのように厚い本を書くことができたのも、パーティーを二〇〇一年から二〇〇九年まで毎年開くことができたのも、また今日まで自分の思うすべてを盛り込んだ本を出し続けることができたのも、私は彩流社代表の竹内さんのもって生まれた鷹揚（大人）な性格によるものと思い、その出会いをラッキーなものとしてとても大事にしています。

「えにし書房」の塚田さんはそのような竹内さんのもとで過ごし、私とは『馬子の墓』の出版（当時、ロックアウトから三年目）以来、忌憚なく話し合った仲です。したがって経営側にいた私の対労組、対株主との七年におよぶ労使紛争（『アマテラス誕生』出版の二〇〇六年三月に労使和解による退職）の困難を十分承知しているはずです。

彼が、私に退職のことを告げた頃は若干沈み加減で不安そうでした。私も不安で心配でした。そのときは辞めないでそのまま竹内さんのもとで頑張ったらどうかと言いました。それから間もなく彼が出版社を立ち上げるというので、ホテルグランド・パレス（飯田橋）の前のビルの一室を訪れました。

そこで私は、塚田さんも知っていて、私も知っている仲間五、六人が集まり、この部屋で持ち寄りの出版設立パーティーをやろうと持ちかけました。私は耳の聞こえが悪いので静かな部屋がよいと思ったからです。そのパーティーが実現したのは約一年経った昨年（二〇一六）一〇月二一日です。

新宿紀ノ国屋書店と伊勢丹の間にある居酒屋で、塚田さんを囲んで作家の高橋幸春さん、

『「花岡事件」鹿島交渉の軌跡』の著者にして古代出雲の著作もある演出家の石飛仁さん、光文社の元編集者で『深沢七郎外伝』の新海均さん、黒沢明の評論家西村雄一郎さん、船瀬俊介さんの面々です。

というのも大村益次郎の銅像が見える事務所に移ってから二度ほど訪れましたが、部屋は明るく塚田さんは溌剌としています。〝プーシキンであればよい〟と冗談をいった大村益次郎の銅像もよく見えます。環境も抜群です。「これはやっていける！」と確信しました。私は早速、高橋幸春さんに電話をし、高橋さんが船瀬さんと石飛さんに、船瀬さんが新海さんと西村さんに電話をして、六人はしばらくぶりで一堂に会することができたわけです。

それから一週間後、私はこれまでの講演を整理した原稿（福島県白河市白坂のアウシュヴィッツ平和記念館での『ヒトラーはなぜユダヤ人を憎悪したか』の講演記録をのぞく日本古代史の原稿）とＵＳＢをもって九段の事務所を訪れました。本来企画書をもっていくべきですが、口頭で本の体裁、頁、出版時期をやりとりしながら、本にしてくれないかと頼みました。彼は躊躇なくＯＫです。

その時私は「これはきっとうまく行くぞ」と確信しました。つまりそれは「売れるという直接的なものではなく、彼にとっても私にとっても意味と価値のある出版になるだろう」

と思ったのです。

いずれにしても山あり谷ありの出版です。これからの世の中はなお一層何が起きるかわかりません。しかしだからこそ出版情報の果たす役割もまたなお一層増してきます。若い力が必要です。負けてもよいのです。相撲なら逃げることなく真正面からぶつかることです、野球なら直球のストライクで三振をとれるようになることです。打たれたら野手（味方）がうまい具合に捕ってくれます。頑張れ、えにし書房！

林　順治

二〇一六年一二月二二日

〈著者略歴〉

林順治（はやし・じゅんじ）

旧姓福岡。1940年東京生まれ。東京大空襲一年前の1944年、父母の郷里秋田県横手市雄物川町深井（旧平鹿郡福地村深井）に移住。県立横手高校から早稲田大学露文科に進学するも中退。1972年三一書房に入社。取締役編集部長を経て2006年3月退社。

著書に『馬子の墓』『義経紀行』『漱石の時代』『ヒロシマ』『アマテラス誕生』『武蔵坊弁慶』『隅田八幡鏡』『天皇象徴の日本と〈私〉1940-2009』『八幡神の正体』『古代 七つの金石文』『法隆寺の正体』『アマテラスの正体』『ヒトラーはなぜユダヤ人を憎悪したか』『猫と坊っちゃんと漱石の秘密』『日本古代国家の秘密』『エミシはなぜ天皇に差別されたか』『沖縄!』『日本古代史問答法』（いずれも彩流社）。『応神＝ヤマトタケルは朝鮮人だった』（河出書房新社）。『日本人の正体』（三五館）。『漱石の秘密』『あっぱれ啄木』（論創社）。『仁徳陵の被葬者は継体天皇だ』（河出書房新社）。

Emishi Shobo

日本古代史集中講義

天皇・アマテラス・エミシを語る

2017年 3月 10日 初版第1刷発行

■著者　林　順治
■発行者　塚田敬幸
■発行所　えにし書房株式会社
〒102-0074　東京都千代田区九段南 2-2-7 北の丸ビル 3F
TEL 03-6261-4369　FAX 03-6261-4379
ウェブサイト　http://www.enishishobo.co.jp
E-mail　info@enishishobo.co.jp

■印刷／製本　モリモト印刷株式会社
■装幀　加藤俊二（プラス・アルファ）
■DTP　板垣由佳

ⓒ 2017 Junji Hayashi ISBN978-4-908073-37-3 C0021

定価はカバーに表示してあります
乱丁・落丁本はお取り替えいたします。
本書の一部あるいは全部を無断で複写・複製（コピー・スキャン・デジタル化等）・転載することは、法律で認められた場合を除き、固く禁じられています。

えにし書房の古代史関連書

978-4-908073-21-2 C0021

卑弥呼の「謎」が解き明かす

邪馬台国とヤマト王権

藤田憲司 著

定価：1,800 円＋税／四六判／並製

三角縁神獣鏡ほか日韓の緻密な発掘データ解析から、まったく新しい鏡文化・脱ヤマト王権論を展開。従来の日本・東アジアの古代史像に一石を投じる。図版データ多数！

邪馬台国は北部九州の中にあったと考えざるを得ない――。

日韓の墳丘墓から出土される鏡に注目し、古墳と副葬品の関連、鏡の文化の変遷をたどる。

捏造の日本古代史

相原精次 著

定価：2,000 円＋税／四六判／並製

“古代史”を取り戻せ！

いまこそ真摯に古代史に向き合いたい。

権力の都合によって捏造された形で流布し、常識となっている古代史の「前提」を疑い、解体する。

日本書紀を虚心に読み込み、その成立過程の「層」構造を究明し、積年の古墳研究により明らかになりつつある豊穣で多様性に富んだ古代史の真の姿に迫る。

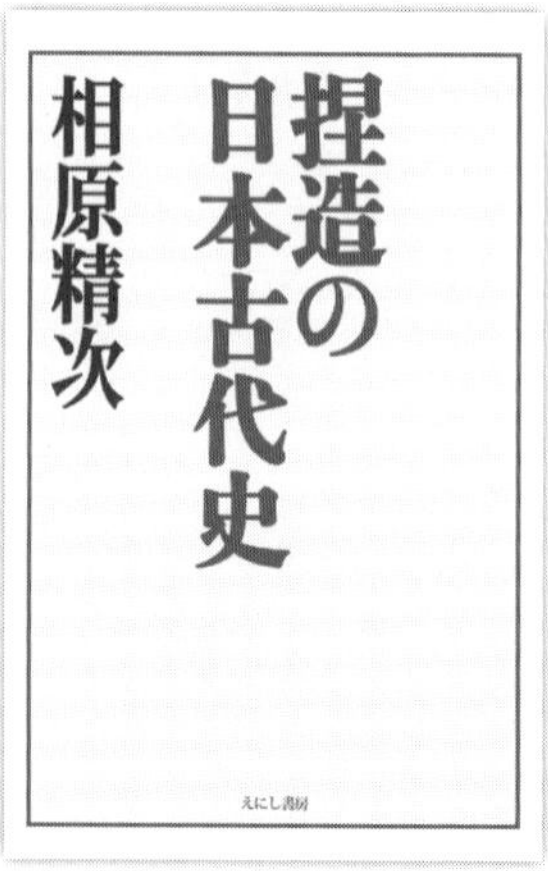

978-4-908073-35-9 C0021